超简单！

五子棋

爱林博悦 编著

自学一本通

人民邮电出版社

北 京

图书在版编目（CIP）数据

超简单！五子棋自学一本通 / 爱林博悦编著. —— 北京：人民邮电出版社，2023.4（2023.9重印）
ISBN 978-7-115-60830-7

Ⅰ. ①超… Ⅱ. ①爱… Ⅲ. ①五子棋—基本知识
Ⅳ. ①G891.9

中国国家版本馆CIP数据核字（2023）第025690号

内 容 提 要

五子棋是一种两人对弈的策略性棋类游戏，想要取得五子棋游戏的胜利，需要重视行棋思路和技巧。本书是专门为五子棋初学者准备的自学教程。全书分为四章：第一章"五子棋的基础知识"介绍了五子棋的棋盘与棋子、执子姿势、记谱和常用术语，有利于初学者快速了解五子棋相关知识；第二章"五子棋的基本棋形"讲解了连五、活四、冲四、活三、眠三、活二等棋形，有利于初学者在对弈中灵活运用棋形；第三章"五子棋的开局与打点"介绍了斜指开局、直指开局和打点棋形，有利于初学者学会利用先手优势；第四章"五子棋的进攻与防守"讲解了五子棋的子力、棋子的连接、棋子的方向和进攻防守策略，通过讲解战术帮助初学者提高赢棋率。本书语言通俗易懂，深入浅出，适合五子棋初学者阅读。

◆ 编　　著　爱林博悦
　　责任编辑　裴　倩
　　责任印制　马振武

◆ 人民邮电出版社出版发行　北京市丰台区成寿寺路 11 号
　　邮编　100164　电子邮件　315@ptpress.com.cn
　　网址　https://www.ptpress.com.cn
　　北京虎彩文化传播有限公司印刷

◆ 开本：700×1000　1/16
　　印张：7　　　　　　　　　　2023 年 4 月第 1 版
　　字数：113 千字　　　　　　2023 年 9 月北京第 2 次印刷

定价：32.00 元

读者服务热线：(010)81055296　印装质量热线：(010)81055316
反盗版热线：(010)81055315
广告经营许可证：京东市监广登字 20170147 号

目录

第三章　五子棋的开局与打点 　　　53

第四章　五子棋的进攻与防守 　　　75

第一章

五子棋的基础知识

本章主要介绍五子棋的基础知识，如棋盘与棋子、执子姿势、记谱、常用术语、规则等。

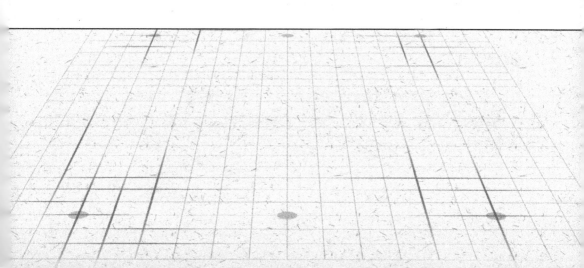

五子棋的棋盘与棋子

棋盘

在我国汉魏时期，五子棋棋盘是17路（17×17）的，南北朝时期的棋盘是19路（19×19）的，现代使用的棋盘是15路（15×15）的。棋盘呈正方形，由15条横线和15条竖线组成，共有225个交叉点。

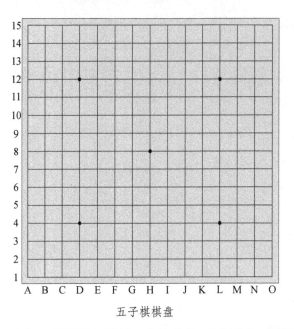

五子棋棋盘

棋盘正中一点为"天元"，另外4个点称为"小星"。天元和小星在棋盘上用实心小圆点标出。棋盘上的竖线从左到右用英文字母A～O标记；横线从近到远用阿拉伯数字1～15标记。棋盘上的交叉点分别用横竖线标记的名称合写而成。例如，"天元"标记为H8，4个"小星"分别标记为D4、D12、L12、L4。

棋子

五子棋的棋子分为黑色和白色两种，一般为扁圆形，每一副五子棋的棋子总数为225枚，其中黑棋113枚，白棋112枚。因为五子棋规则规定黑棋必须先行，所以黑棋比白棋多1枚。

黑棋　　　　　　　　　　白棋

五子棋的执子姿势

下棋时，需要用正确的姿势将棋子下在棋盘的交叉点上，一旦落子，就不能再移动棋子的位置，或者拿起来重新下到其他位置上。正确的执子姿势是用食指和中指的指尖夹住棋子，将棋子轻轻地放在棋盘的交叉点上。

正确的执子姿势

五子棋的记谱

记谱是指将所下棋的变化记录下来。记谱不但便于棋手复盘研究，还有助于培养棋手重复记忆的良好习惯。记谱通常用专业的记谱纸，记谱纸上有棋盘图像。记谱时除了需要在记谱纸相应的位置记录行棋的先后顺序，还要记录对局的时间、开局的名称、棋手姓名、是否交换、两处打点的位置、棋手所用时间以及胜负等信息。

专业的记谱用记谱纸，如果是非专业的记谱，可以用格子纸记录，即用数字1、3、5……记录黑棋的走法，用数字2、4、6……记录白棋的走法。

五子棋的常用术语

阳线

阳线是指棋盘上可见的横竖交叉的直线。

阴线

阴线是指棋盘上各交叉点无实线连接的斜线。下图中的虚线就是阴线，阴线在棋盘中不可见。

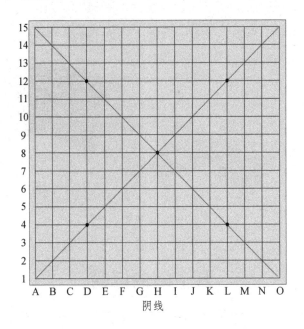

阴线

一着

一着是指对局时行棋方把棋子落在无子的交叉点上，不论落子的手是否脱离棋子，均被视为一着。

长连

长连是指在棋盘阳线和阴线的任意一条线上6枚或6枚以上同色棋子相连。

连五

连五是指在棋盘阳线和阴线的任意一条线上5枚同色棋子相连。

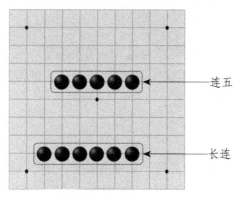

连五和长连示意

活四

活四是指阳线或阴线上4枚同色棋子相连,在4枚相连棋子的两端都没有棋子。出现活四后,对方已无法阻挡连五的形成。

连冲四

连冲四是指阳线或阴线上4枚同色棋子相连,有一边被对方的棋子挡住,只能在另一边形成连五。

跳冲四

跳冲四是指4枚同色的棋子没有全部相连,中间有一个无子的交叉点,如果对方不在该点防守,下一步即可形成连五。

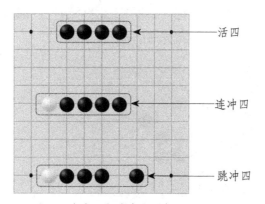

活四、连冲四和跳冲四示意

活三

活三是指在棋盘阳线或阴线上有3枚同色棋子，再下1枚同色棋子即可形成活四。如果这3枚棋子相连，就称为连活三；如果这3枚棋子之间有一个无子的交叉点，就称为跳活三。

眠三

眠三是指在阳线或阴线上有3枚同色棋子，再下1枚同色棋子即可形成冲四（冲四分为连冲四和跳冲四）。如果这3枚棋子相连，称为连眠三；如果这3枚棋子之间有一个无子的交叉点，称为跳眠三。

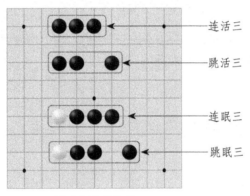

活三和眠三示意

双活三

双活三是指落下1枚棋子后，同时形成2个活三。形成双活三后，如果对方不能通过冲四形成四三，将无法阻挡连五的形成。

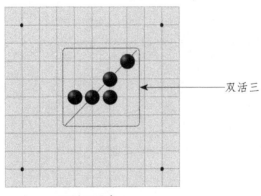

双活三示意

四四

四四是指落下1枚棋子后，同时形成2个四，这里的四既可以是活四，也可以是冲四。形成四四后对方将无法阻挡连五的形成。

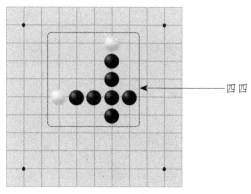

四四示意

四三

四三是指落下1枚棋子后，同时形成1个活三和1个四，四可以是冲四、活四。形成四三后对方将无法阻挡连五的形成。

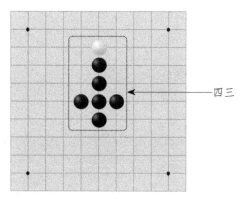

四三示意

活二

活二是指在棋盘阳线或阴线上有2枚同色棋子，再下1枚同色棋子即可形成活三。如果2枚棋子相连，形成的活二是连活二；如果2枚棋子之间有1个或2个无子的交叉点，形成的活二是跳活二。

眠二

眠二是指在阳线或阴线上有2枚同色棋子，再下1枚同色棋子即可形成眠三。如果这2枚棋子相连，称为连眠二；如果这2枚棋子之间有1～3个无子的交叉点，称为跳眠二。

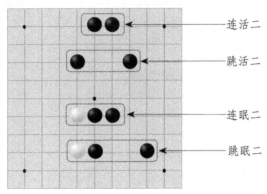

连活二

跳活二

连眠二

跳眠二

活二和眠二示意

做杀

做杀是指使下一步构成杀棋的一着棋。常见的有做四三杀、做一子双杀等。

做棋

做棋是为后面先手打下基础的一着棋。

VCF

VCF是Victory of Continuous Four的缩写，即连续不断冲四，直到最终形成连五而获胜。

VCT

VCT是Victory of Continuous Three的缩写。对于执黑棋一方，VCT是指连续不断地形成活三，直到最终通过四三取得胜利。对于执白棋一方，VCT是指连续不断地形成活三，直到最后通过三三、四四、四三、长连或逼迫黑方禁手而取胜。

先手

先手是指对方必须要应的着法。在对局过程中，保持先手可使自己处于主动地位，因为对方需要防守。若同时出现两个先手，对方将无法防守。

绝对先手

绝对先手是相对先手而言的，这里特指连冲四和跳冲四。

先手方

先手方是指执黑棋的一方。

后手方

后手方是指执白棋的一方。

禁手

禁手是指对局中禁止使用的或被判负的行棋手段。只有执黑棋一方有禁手，禁手有三三禁手、四四禁手、长连禁手和混合禁手等，其中混合禁手是指四三三或四四三等。

追下取胜

追下取胜是指执白棋一方利用禁手取胜的方法。

自由取胜

自由取胜是指执白棋一方利用除禁手之外的取胜方法。

一子双杀

一子双杀是指1枚棋子落下后同时形成两种取胜走法，对方无法同时防守的取胜技巧。

定式

定式是指前人长年累月研究出来的固定走法。

五子棋的规则

五子棋对局时通常执黑棋一方是先手方，所以黑棋形成连五的可能性比白棋要大很多。为了公平起见，制定了一些五子棋规则，大家需要遵循统一的规则。

猜先

比赛前需要确定谁执黑棋，通常采用猜先的方法来确定，即双方各抓一种颜色的几枚棋子，大数减小数，若结果为单数，双方交换，若为偶数则不换。

例如，假设抓黑棋的一方有5枚棋子，抓白棋的一方有2枚棋子，5-3=2，2是偶数，不用交换，所以由抓黑棋的一方执黑棋先行棋。如果抓黑棋的一方有3枚棋子，抓白棋的一方有2枚棋子，3-2=1，1是单数，所以需要交换，由抓白棋的一方执黑棋先行棋。

开局

确定谁执黑棋后，通常由执黑棋的一方先下3枚棋子，2枚黑棋和1枚白棋。其中，第1手黑棋应下在天元上，即H8，第2手白棋必须下在天元的四周，即白棋2只能下在阳线或阴线与黑棋1相连的8个交叉点的其中一个点上，即只能下在下图中标记了X的任意一个交叉点上。

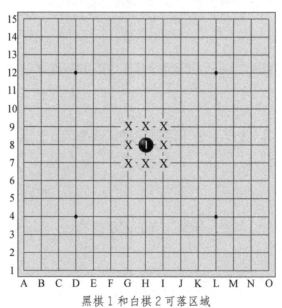

黑棋1和白棋2可落区域

第三手黑棋只能下在以天元为中心，4×4区域的交叉点上，即黑棋3只能下在阴线或阳线上以天元为中心，左右相连的2个交叉点的任意一个点上。

例如，下图中白棋2下在I9，第三手黑棋只能下在标记了X的任意一个交叉点上。

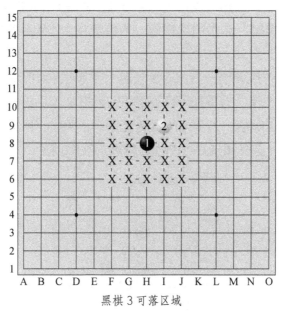

黑棋3可落区域

三手可交换

因为先手方优势明显，可以选择自己比较熟悉的开局，所以对于后手方来说，要想赢棋就非常困难。为了使双方的优劣势趋于平衡，规定当先手方完成三手棋后，后手方可以选择是否交换。如果后手方选择交换，先手方必须交换。交换后原来的执黑棋的先手方变成了执白棋的后手方，原来执白棋的后手方变成执黑棋的先手方。完成三手棋后的效果如下图所示。

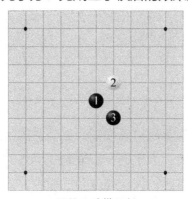

开局三手棋示例

五手两打

虽然三手可交换的规则对执黑棋的先手方优势进行了一些限制，但是无论三手是否交换，执黑棋的一方仍然有非常明显的优势，所以又规定了五手两打。五手两打是指当执白棋的一方下了第4手后，执黑棋一方在下第5手时要同时下2枚黑棋，然后由执白棋一方将其中1枚黑棋拿掉，拿掉1枚黑棋后，再轮流落子。

例如，下图中执黑棋一方第5手同时下了黑棋A和黑棋B，执白棋的一方需要根据棋形判断，将不利于自己的1枚黑棋拿掉后再落子。从图中可以看出，黑棋B给执黑棋一方带来的优势比黑棋A明显，所以执白棋一方会选择将黑棋B拿掉，这样黑棋先行的优势就被明显削弱了。

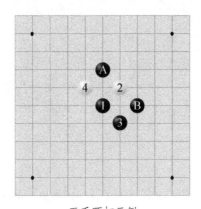

五手两打示例

普通的五子棋爱好者下五子棋通常以休闲娱乐为目的，所以并不一定非得遵守前面介绍的规则，猜先、三手可交换、五手两打这些规则都不遵守也没关系。双方可轮流执黑棋，这样双方赢棋的机会也差不多。如果希望去参加五子棋比赛，就必须遵守相关规则。

禁手

虽然三手可交换、五手两打等规则对先手方的优势进行了一定限制，实际上先手方仍然具有优势。为了进一步限制先手方的优势，规定先手方不能利用三三、四四、长连取胜，只能通过四三取胜。限制先手方取胜的这些点被称为禁手点。禁手的主要规则如下。

1．禁手的种类包括三三、四四和长连，黑棋一方只能以四三获胜。

2．禁手只对黑棋方有效，对白棋方无效。所以白棋方不但可以通过三三、四四、四三、长连获胜，还可以利用禁手规则，迫使黑棋方下在禁手点获胜。

3．当黑棋方出现禁手，白棋方须指出禁手点。白棋方指出禁手点后获胜。如果白棋方没有指出禁手点，禁手则不成立（长连禁手除外）。

4．当黑棋方出现长连禁手，如果白棋方没有及时指出禁手点，只要在对局的过程中发现了黑棋方的长连禁手，指出后即可获胜。

5．当黑棋方的连五必然形成时，即使出现禁手，禁手判定规则也将失效，黑棋方获胜。

三三禁手

三三禁手是指黑棋方落下1枚棋子后，将同时形成2个或2个以上的活三。如果同时形成了2个活三和1个四，即三三四，该落棋点同样是禁手点，不能判黑棋方获胜。

例如，下图中如果黑棋方落子在A点，将在阳线和阴线上同时形成2个活三，所以A点是禁手点。如果黑棋方下在A点，白棋方指出后即可判定白棋方获胜。

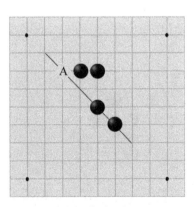

三三禁手示例

在实际对局中，受对方棋子和棋盘边线的限制，有的棋形看上去像活三，但实际上并不是活三。所以我们在判断禁手时，要看清楚是否2个三都是活三。

例如，下图中如果黑棋方落子在A点，因受白棋的限制，其中一条阴线上的三是一个假活三。因为只要在黑棋两边的交叉点上下1枚白棋，黑棋将无法形成活四，所以A点并不是禁手点。

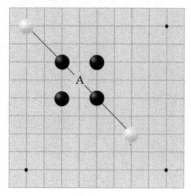

非三三禁手示例

四四禁手

四四禁手是指黑棋方落下1枚棋子后，将同时形成2个四，这里的四可以是活四，也可以是冲四，下一步就可以形成连五。

例如，下图中如果黑棋方落子在A点，将在阳线和阴线上同时形成2个四，阴线上是活四，阳线上是冲四。由于A点是禁手点，如果黑棋方下在A点，白棋方指出后即可判定白棋方获胜。

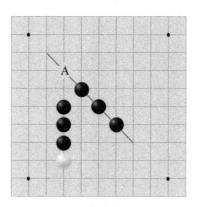

四四禁手示例

四四禁手还有一种特殊的扁担形的情况，即黑棋方落下1枚棋子后，形成的2个四在同一条线上，这2个四将共用部分棋子。

例如，下图中如果黑棋方落子在A点，黑棋1、2、A、3组成其中的1个四，只要在黑棋1、2之间的交叉点再落1枚黑棋即可形成连五；黑棋2、A、3、4将组成另外1个四，只要在黑棋3、4之间的交叉点再落1枚黑棋，也可以形成连五，所以A点是禁手点。

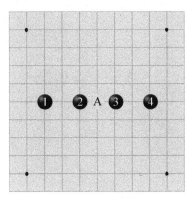

扁担形禁手示例

要形成四四禁手，2个四下一步都可以形成连五，如果其中一个四下一步形成的不是连五，而是长连，则不是禁手。

例如，下图中如果黑棋方落子在A点，将形成2个四，其中横线上的四一边被白棋阻挡，另一边相隔1个交叉点上有1枚黑棋。如果黑棋方落1枚黑棋在B点，形成的不是连五，而是长连，所以A点不是禁手点。

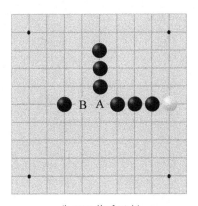

非四四禁手示例

长连禁手

长连禁手是指黑棋方落下1枚棋子后，在同一条线上将有6枚或6枚以上的黑棋，一旦黑棋方形成长连，白棋方指出即可获胜。

例如，下图中如果黑棋方落子在A点，在阳线上将有6枚相连的黑棋，所以A点是禁手点。如果黑棋方在A点落子，白棋方指出即可获胜。

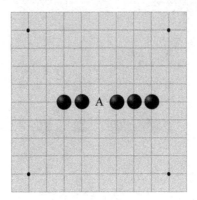

长连禁手示意

第二章

五子棋的基本棋形

　　本章主要介绍五子棋的基本棋形，五子棋的基本棋形主要有连五、活四、冲四、活三、眠三、活二、眠二、双活三、四三、四四等。我们只有熟悉了这些基本棋形，在实际对弈中才能灵活应用这些棋形进行进攻和防守。

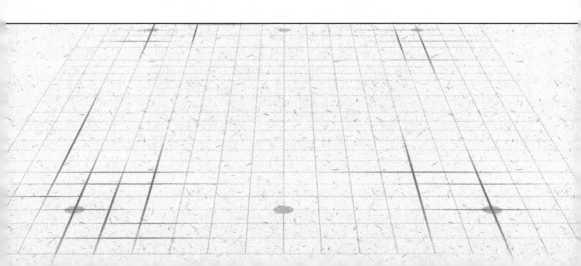

连五

连五是指同色的5枚棋子在棋盘的阴线或阳线上相连。下棋时，黑白双方谁先形成连五，谁就获胜。

下图是棋子在棋盘阳线上的连五棋形。

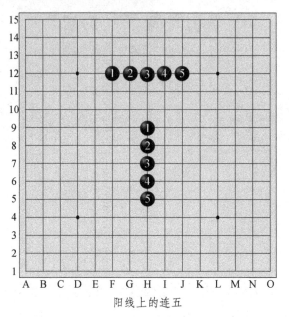

阳线上的连五

下图是棋子在棋盘阴线上的连五棋形。

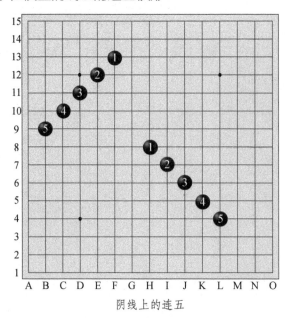

阴线上的连五

棋盘阳线上相连的棋子很容易看出，但是阴线上相连的棋子往往不容易看出。所以我们在下棋时，不能只看阳线上同色棋子相连的情况，还要看阴线上同色棋子相连的情况。

活四

活四是指同色的4枚棋子在棋盘的阳线或阴线上相连，并且在4枚相连棋子的两边都没有棋子，在任意一边下1枚棋子即可形成连五。当出现活四后，对方已无法阻拦形成连五。

例如，下图中阳线上有4枚相连的黑棋，在它们两边的A点和B点都没有棋子，当对方在A点或B点阻拦时，只需要在另一点下1枚棋子即可形成连五获胜，所以该棋形是活四。

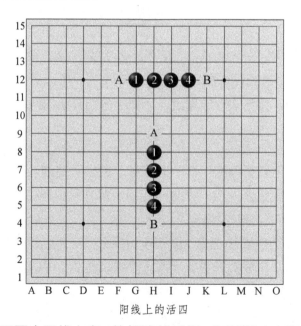

阳线上的活四

同理，下页图中阴线上有4枚相连的黑棋，两边的A点和B点都没有棋子，当对方在A点或B点阻拦时，只需要在另一点下1枚黑棋即可形成连五获胜，所以该棋形是活四。

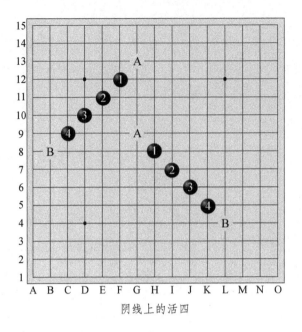

阴线上的活四

冲四

冲四分为两种，一种是连冲四，另一种是跳冲四。其中，跳冲四又被称为"嵌五"。无论是哪种冲四，它们都只有1个点可以形成连五。如果对方在该点下棋阻挡，将无法形成连五。下面将分别介绍这两种棋形。

连冲四

如果4枚同色棋子相连，有一边被对方的棋子挡住，只能在另一边形成连五，这种棋形就是连冲四。形成冲四后，对方只需要在可以形成连五的点下1枚棋子，即可阻挡形成连五。

例如，下页图中阳线上有4枚相连的黑棋，在A点没有棋子，另一边有1枚相连的白棋，只要对方在A点下1枚白棋阻拦，黑棋就无法形成连五，所以该棋形是连冲四。

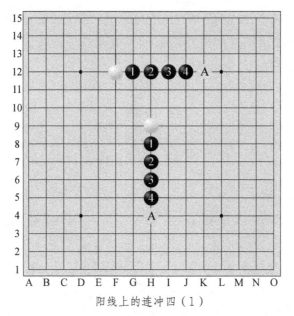

阳线上的连冲四（1）

同理，下图中阴线上有4枚相连的黑棋，其中一边已经有1枚白棋，只有在A点下1枚黑棋才能形成连五。如果对方在A点下1枚白棋阻挡，黑棋将无法形成连五，所以该棋形是连冲四。

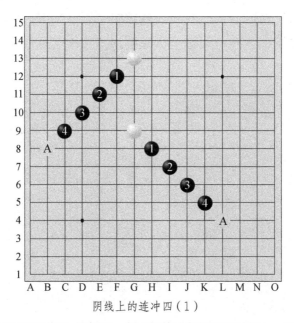

阴线上的连冲四（1）

形成连冲四后无法形成连五，除了被对方棋子阻挡外，还有一种原因是受棋盘边线的限制，只能在另一边形成连五。

例如，下图中阳线上有4枚相连的黑棋，棋子1都位于棋盘的边线上，只有在A点下1枚黑棋才能形成连五。只要对方在A点下1枚白棋阻拦，黑棋就无法形成连五。

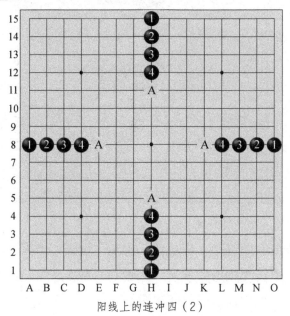

阳线上的连冲四（2）

同理，下图中阴线上有4枚相连的黑棋，黑棋1位于棋盘的边线上，只有在A点下1枚黑棋才能形成连五。只要对方在A点下1枚白棋，黑棋就无法形成连五。

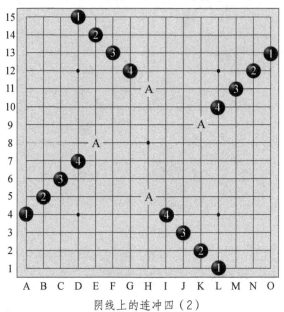

阴线上的连冲四（2）

跳冲四

跳冲四是指4枚同色的棋子没有全部相连，并且只有1个点可以形成连五。跳冲四和连冲四的共同点是都只有1个点可以形成连五。

下图中棋盘阳线上的4枚黑棋没有完全相连，如果在A点下1枚黑棋，即可形成连五获胜。若对方在A点下1枚白棋，黑棋将无法形成连五。

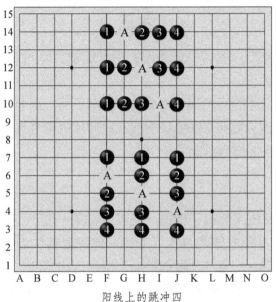

阳线上的跳冲四

同理，下图中阴线上的4枚黑棋没有完全相连，当在A点下1枚黑棋后，即可形成连五获胜。若对方在A点下1枚白棋，黑棋将无法形成连五。

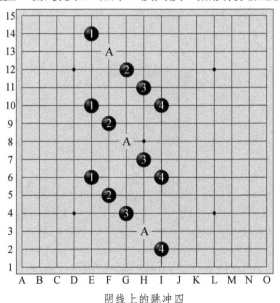

阴线上的跳冲四

活四和冲四的区别：活四的两边都可以形成连五，一旦出现活四，即可形成连五获胜；冲四只有一个点可以形成连五，并且对方可以在这个点阻挡连五的形成。

活三

前面介绍了活四，若将组成活四的棋子任意拿掉1枚，剩下的3枚棋子组成的棋形就是活三。

活四是4枚相连的同色棋子，拿掉1枚棋子后，剩余的3枚棋子可能相连，也可能不相连。如果3枚棋子相连，这种棋形称为连活三；如果3枚棋子不相连，这种棋形称为跳活三。

连活三

连活三是指3枚同色棋子相连，在其中任意一边下1枚棋子就能形成活四。我们在判断某棋形是否是连活三时，首先要看3枚同色的棋子是否相连，然后再看如果在一边下1枚棋子后，是否形成活四。如果3枚同色棋子相连，且在任意一边下1枚棋子就形成活四，该棋形就是连活三。

例如，下图中阳线上有3枚相连的黑棋，当我们在A点或B点下1枚黑棋后，棋形将变成活四，所以该棋形就是连活三。

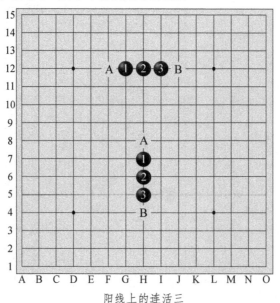

阳线上的连活三

同理，下图中阴线上有3枚相连的黑棋，在A点或B点下1枚黑棋后，也可形成活四，所以该棋形就是连活三。

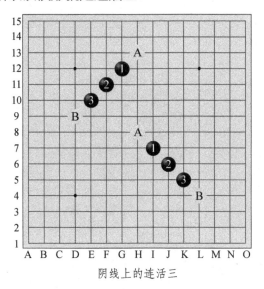

阴线上的连活三

跳活三

跳活三是指3枚同色棋子没有完全相连，再下1枚棋子，就能与这3枚棋子形成活四。我们在判断某棋形是否是跳活三时，首先要看3枚同色的棋子是否没有完全相连，然后看再下1枚棋子后，能否与这3枚棋子形成活四。

例如，下图中阳线上有3枚不完全相连的黑棋，当我们在A点下1枚黑棋后，棋形将变成活四，所以该棋形就是跳活三。

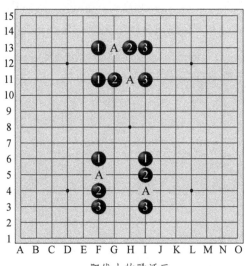

阳线上的跳活三

　　同理，下图中阴线上有3枚不完全相连的黑棋，当我们在A点下1枚黑棋后，棋形将变成活四，所以该棋形就是跳活三。

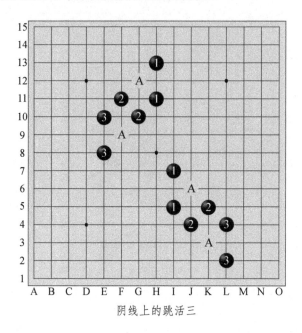

阴线上的跳活三

假活三

　　当3枚同色棋子相连，两边相邻的交叉点都是空的，如果我们在这两个交叉点都下1枚同色的棋子，就可以形成连五，我们很容易认为这种棋形就是活三。其实这种棋形不一定都是活三，因为判断是否是活三的关键是看能否形成活四。如果我们下1枚棋子无法形成活四，这种棋形就是假活三。

　　例如，下页图中3枚黑棋相连，在A点和B点都没有阻挡，但是在这条连线（阳线或阴线）上A点和B点都有相邻的白棋，当我们在A点或B点下1枚棋子后，对方可以在另一边下1枚白棋防守，无法形成活四，所以这种棋形就是假活三。

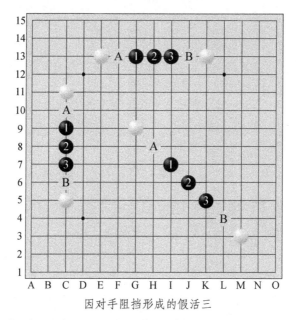

因对手阻挡形成的假活三

另外，3枚相连的棋子受棋盘边线的限制，无法形成活四，这3枚棋子组成的棋形也是假活三。

例如，下图中3枚黑棋相连，在A点和B点都没有阻挡，但是A点和B点都在棋盘的边线上，当我们在A点或B点下1枚棋子后，对方只需在另一边下1枚白棋即可阻挡连五的形成，所以这种棋形也是假活三。

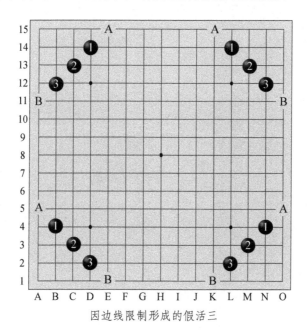

因边线限制形成的假活三

判断是否是活三主要是看能否形成活四，再下 1 枚棋子就能形成活四的棋形就是活三。当形成活三后，如果对方没有及时阻拦，就可以形成活四，从而形成连五获胜。

眠三

当3枚同色棋子再增加1枚后就能形成冲四，这3枚棋子组成的棋形就是眠三。和活三类似，眠三又分连眠三和跳眠三。

连眠三

连眠三是指3枚同色的棋子相连，其中一边被对方棋子阻拦或者受棋盘边线限制，只能在另一边形成冲四。

例如，下图中黑棋1的一边被白棋阻挡，如果在A点下1枚黑棋，可以形成连冲四；如果在B点下1枚黑棋，可以形成跳冲四。初学者通常会直接下在A点形成连冲四，而忽略下在B点可以形成跳冲四。

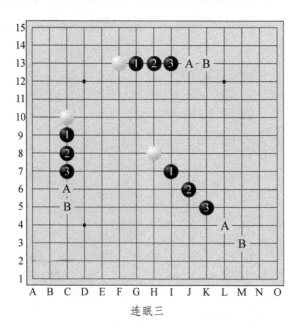

连眠三

跳眠三

常见的跳眠三是指3枚同色的棋子没有完全相连，其中一边被对方棋子阻拦或者受棋盘边线限制，只能在另一边形成冲四。

例如，下图中黑棋1的一边被白棋阻挡，在A点或B点下1枚黑棋后，都可以形成冲四。如果下在A点，形成的是连冲四；如果下在B点，形成的是跳冲四。

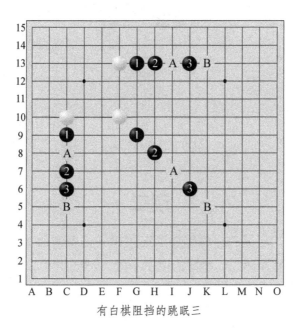

有白棋阻挡的跳眠三

眠三是形成冲四的基础，我们需要熟悉不同的眠三，并且要清楚每个眠三都有2个冲四点。

跳眠三还有一种情况，就是3枚同色棋子在同一条线上，线两边没有被对方棋子阻挡。

例如，下页图所示是3枚棋子在横线上的跳眠三，当我们在A点下1枚棋子后，虽然有4枚棋子在同一条线上，但是没有形成活四，只要对方在另外一个A点阻挡，就无法形成连五。

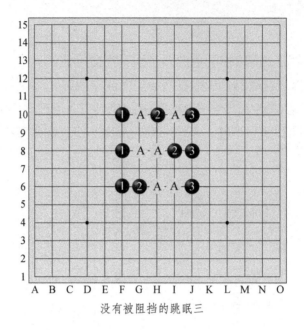

没有被阻挡的跳眠三

活二

我们已经学习了活三，将组成活三的棋子任意拿掉1枚后，剩下的2枚棋子组成的棋形就是活二。拿掉的棋子不同，形成的活二也会不同，活二分为连活二和跳活二。

连活二

连活二是指2枚同色棋子相连，我们在任意一边下1枚棋子就能形成活三。我们在判断某棋形是否是连活二时，首先要看2枚同色的棋子是否相连，然后再看如果在一边下1枚棋子，是否能形成活三。

例如，下页图中的黑棋1和黑棋2就形成了连活二，当我们在A点或B点下1枚黑棋后，棋形将变成连活三，所以该棋形就是连活二。

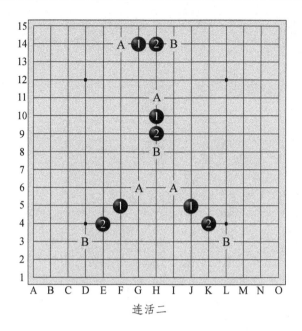

连活二

跳活二

我们已经知道活三分连活三和跳活三两种，如果我们将连活三或跳活三中间的1枚棋子拿掉，形成的棋形就是跳活二。

例如，下图中将黑棋2拿掉后，形成的棋形就是跳活二。

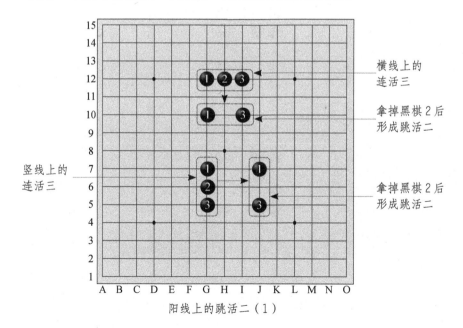

横线上的
连活三

拿掉黑棋2后
形成跳活二

竖线上的
连活三

拿掉黑棋2后
形成跳活二

阳线上的跳活二（1）

同理，下图中阴线上的连活三，将黑棋2拿掉后，形成的棋形就是跳活二。

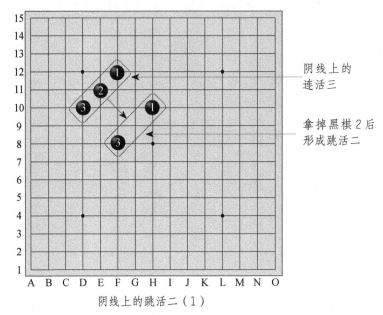

阴线上的跳活二（1）

下图中阳线上有跳活三，将黑棋2拿掉后，形成的棋形也是跳活二。

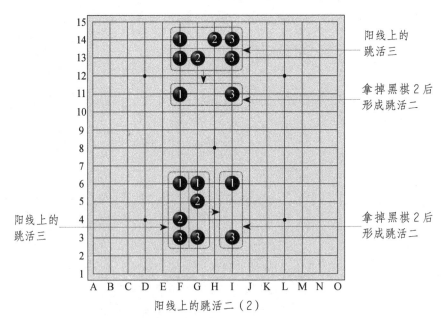

阳线上的跳活二（2）

下页图中阴线上有跳活三，将黑棋2拿掉后，形成的棋形也是跳活二。

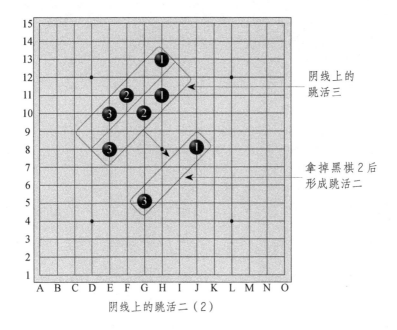

阴线上的
跳活三

拿掉黑棋2后
形成跳活二

阴线上的跳活二（2）

眠二

任意拿掉1枚组成眠三的棋子，剩下的2枚棋子组成的棋形就是眠二。由于拿掉的棋子不同，形成的眠二也会不同，眠二分为连眠二和跳眠二。

连眠二

连眠二是指2枚同色棋子相连，一边被对方棋子阻挡。形成连活二后，对方用1枚棋子阻挡，被阻挡的2枚棋子就是连眠二。

例如，下页图中黑棋1和黑棋2组成的棋形就是连眠二，黑棋1已被对方的白棋阻挡，黑棋方只能在另一边落子。在A点或B点下1枚黑棋后都可形成眠三。

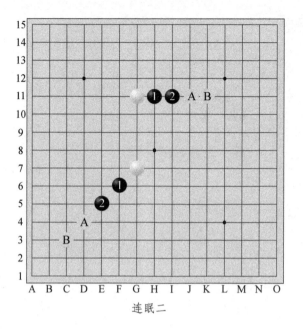

连眠二

跳眠二

跳活二其中一边被对方棋子阻挡后，形成的棋形就是跳眠二。例如，下图中黑棋1和黑棋2组成的棋形就是跳眠二，在A点或B点再下1枚黑棋，就可以形成眠三。

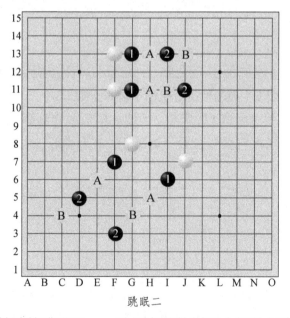

跳眠二

还有两种特殊的跳眠二：一种是在两枚棋子之间的任意一点下1枚棋

子，即可形成眠三；另一种是受棋盘边线或对方棋子影响，再下1枚棋子后只能形成眠三，无法形成活三。

例如，下图中在黑棋1和黑棋2之间的A、B、C点任意一点下1枚黑棋，都可以形成眠三。

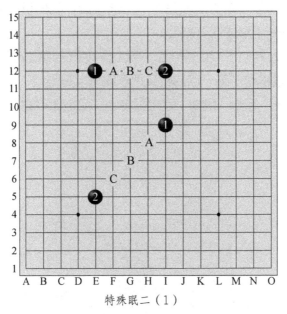

特殊眠二（1）

例如，下图中因棋盘边线限制或对方棋子在两边阻挡，在A、B、C点任意一点下1枚黑棋，都只能形成眠三，无法形成活三。

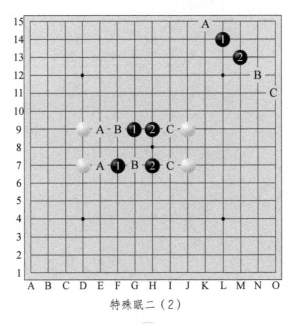

特殊眠二（2）

双活三

　　由于五子棋取胜的必要条件是形成连五，在实际对弈的过程中，我们形成活三或者冲四后，对方通常都会进行阻挡，从而让我们无法形成连五。如果我们形成了双活三，对方阻挡其中一个活三后，我们可以将另一个活三变成活四，从而进一步形成连五获胜。

　　双活三是指当我们下1枚棋子后，在该棋子所在点的交叉两条线上同时形成的2个活三。过棋盘中某一点的交叉两条线可以是阳线，也可以是阴线，这些线一起组成"米"字形。例如，过棋盘中心A点的交叉线如下图所示。

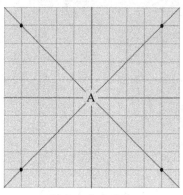

过 A 点的交叉线

　　从上图可以看出，有4条线经过A点，以A点为中心，下图中标记为 × 的交叉点，都有可能与A点形成活三。

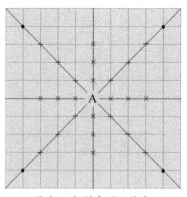

能与 A 点形成活三的点

　　因受棋盘边线限制，不同的交叉点在每条线上可形成的活三会有所不同。

由于活三分连活三和跳活三两种，所以同一条线上经过A点可形成的活三也有多种情况。下图中横线上的B、C、D、E、F、G点都可以与A点形成活三。我们先来看可与A点形成连活三的情况。只要我们在A点落1枚棋子，就可以分别与C、D点，D、E点，以及E、F点形成连活三。

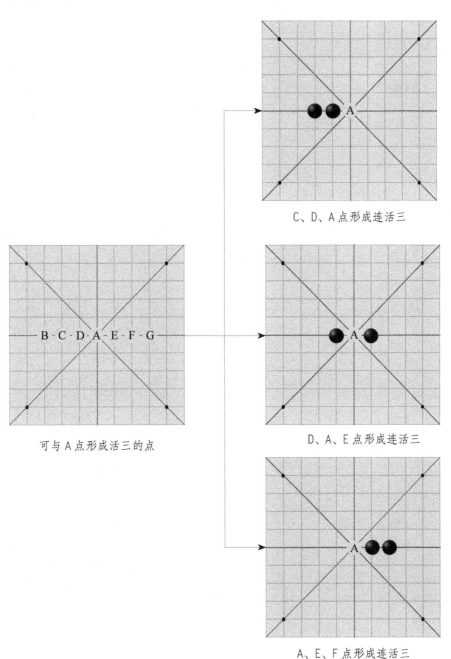

C、D、A点形成连活三

可与A点形成活三的点

D、A、E点形成连活三

A、E、F点形成连活三

　　清楚了与A点形成连活三的情况，接下来看能与A点形成跳活三的情况。只要我们在A点落1枚棋子，就可以分别与B、C点，B、D点，C、E点，D、F点，E、G点，以及F、G点形成跳活三。

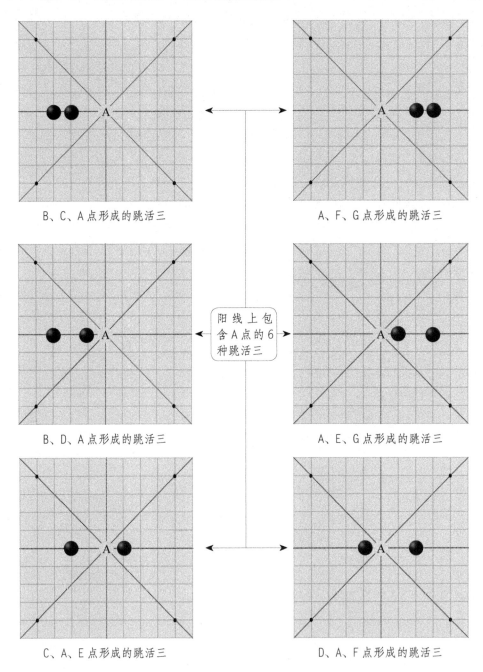

B、C、A点形成的跳活三　　　　　　　　A、F、G点形成的跳活三

阳线上包含A点的6种跳活三

B、D、A点形成的跳活三　　　　　　　　A、E、G点形成的跳活三

C、A、E点形成的跳活三　　　　　　　　D、A、F点形成的跳活三

双活三是指当我们在A点落1枚棋子后，同时在两条线上出现活三。由于经过A点的线有4条，所以形成活三的两条线可以是横线与竖线、横线与斜线、竖线与斜线，以及斜线与斜线。由于每条线上能与A点形成活三的情况一共有9种，所以两条线过A点形成双活三会有多种组合。

接下来我们将分别对阳线上的双活三、阳线与阴线上的双活三、阴线上的双活三，以及多重双活三棋形进行介绍。

阳线上的双活三

由于阳线在棋盘上是实线，初学者比较容易看出来形成活三的落棋点。我们已经知道了阳线上形成活三的不同情况，阴线上的情况与阳线相同，所以我们只要将这些棋形在两条线上进行组合，就可以形成双活三。

例如，下图中在A点落1枚黑棋后，就可以在阳线上同时形成双活三。

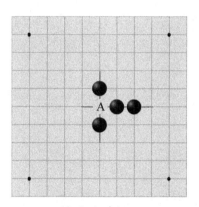

阳线上的双连活三

例如，下图中在A点落1枚黑棋后，就可以在阳线上形成连活三和跳活三。

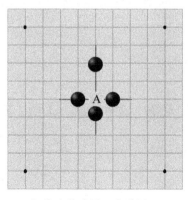

阳线上的连活三和跳活三

例如，下图中在A点落1枚黑棋后，就可以在阳线上同时形成跳活三。

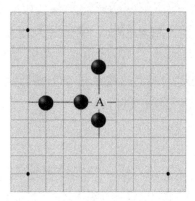

阳线上的双跳活三

阳线和阴线上的双活三

由于阴线在棋盘上并没有显示出来，初学者通常很难看出活三的落棋点，所以我们需要熟悉阴线上不同活三的棋形，并能看出在阴线与阳线上形成的双活三的落棋点。

例如，下图中在A点落1枚黑棋后，就可以在阳线和阴线上同时形成连活三。

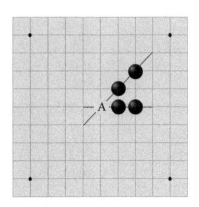

阳线和阴线上的双连活三

例如，下页图中在A点落1枚黑棋后，就可以在阳线上形成连活三，在阴线上形成跳活三。

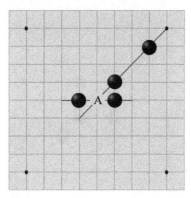

阳线上的连活三和阴线上的跳活三

例如，下图中在A点落1枚黑棋后，就可以在阳线和阴线上同时形成跳活三。

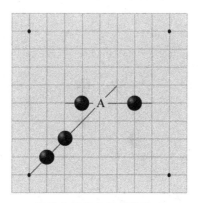

阳线和阴线上的双跳活三

阴线上的双活三

在对弈时，由于受对方棋子的影响，初学者要看出两条阴线上形成双活三的落棋点相对比较困难。我们可以根据活三的基本棋形，在两条阴线上进行变化组合，然后熟悉这些棋形和能形成双活三的落棋点。

例如，下页图中在A点落1枚黑棋后，就可以在阴线上同时形成连活三。

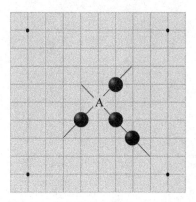

阴线上的双连活三

例如，下图中在A点落1枚黑棋后，就可以在阴线上同时形成连活三和跳活三。

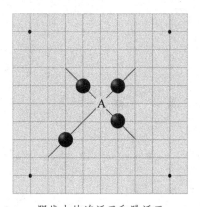

阴线上的连活三和跳活三

例如，下图中在A点落1枚黑棋后，就可以在阴线上同时形成跳活三。

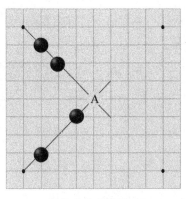

阴线上的双跳活三

　　虽然双活三的棋形变化多样，但只要熟悉了活三的基本棋形，就很容易看出形成双活三的落棋点。只有掌握了这些棋形，在对弈时才能很好地进攻和防守。

多重双活三

　　如果我们在这些线条之外的其他点再下1枚棋子，发现可以形成双活三的落棋点不止一个，这种棋形就是多重双活三。

　　例如，下图中黑棋1、黑棋2、黑棋3和黑棋4与A点可以形成双活三。如果我们在黑棋4的旁边再下1枚黑棋5，除了A点外，下在其他落棋点可以形成双活三吗？

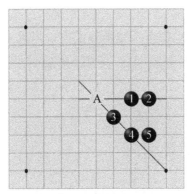

下在 A 点形成双活三

　　我们先来看下图中的B点，如果我们在B点落1枚黑棋，可以与黑棋1、黑棋3形成连活三，同时与黑棋4、黑棋5形成跳活三，所以在B点落1枚棋子可以形成双活三。

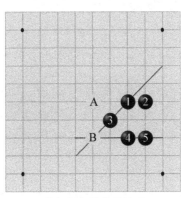

下在 B 点形成双活三

我们接下来看下图中的C点，如果我们在C点落1枚黑棋，可以与黑棋3、黑棋4形成连活三，同时与黑棋5、黑棋2形成跳活三，所以在C点落1枚棋子也可以形成双活三。

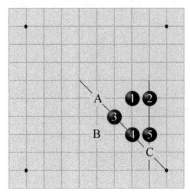

下在 C 点形成双活三

我们再来看下图中的D点，如果我们在D点落1枚黑棋，可以与黑棋1、黑棋3形成连活三，同时与黑棋2、黑棋5形成跳活三，所以在D点落1枚棋子也可以形成双活三。

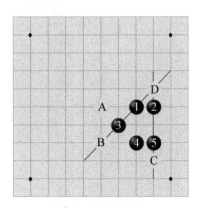

下在 D 点形成双活三

通过对多重双活三的介绍，我们可以看出，如果没有将棋子落在A、B、C、D点中的其中一个点上，而是落在其他点形成活三，就很容易被对手阻挡，或者进行反击。所以我们在实际对弈过程中眼光要放长远一些。

四三

　　四三是指当落1枚棋子后，在交叉的两条线上将出现1个活三和1个四。这里的四可以是活四，也可以是冲四。当出现四三后，对方无论防守哪个点，都无法阻挡连五的形成。

　　我们已经知道在一条线上经过A点形成活三的不同情况，接下来我们将分析在一条线上经过A点可以形成四三的不同情况。下图中标记为×的交叉点，都有可能与A点形成活四或冲四。

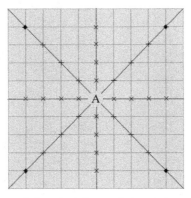

能与 A 点形成活四或冲四的点

　　由于存在活四和冲四两种情况，所以同一条线上经过A点可形成四的棋形也有多种情况。下页图中横线上的B、C、D、E、F、G、H、I点都可以与A点形成四。我们先来看可与A点形成活四的情况。只要我们在A点落1枚棋子，就可以分别与C、D、E点，D、E、F点，E、F、G点，以及F、G、H点形成活四。

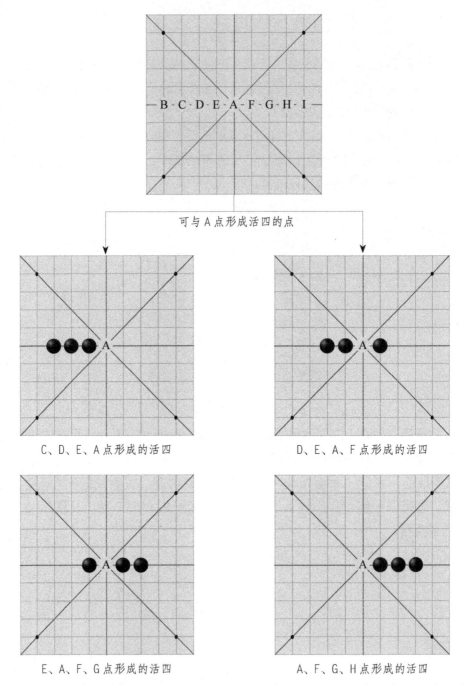

可与A点形成活四的点

C、D、E、A点形成的活四

D、E、A、F点形成的活四

E、A、F、G点形成的活四

A、F、G、H点形成的活四

　　如果上面的活四的任意一边被对方的白棋阻挡，当在A点落1枚黑棋后，形成的棋形都是连冲四。例如，D、E、A、F点形成活四后，左右两边分别被白棋阻挡后的棋形如下页图所示。

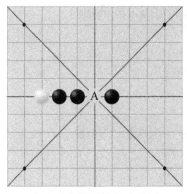

左边被白棋阻挡的连冲四

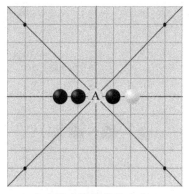

右边被白棋阻挡的连冲四

接下来继续分析如果被白棋阻挡，在A点落1枚黑棋后，形成跳冲四的情况。由于在A点左右两边可形成的冲四的情况相同，所以只介绍白棋在A点左边阻挡的情况。

如果白棋位于B点的左侧，与A点形成的跳冲四有以下3种棋形。

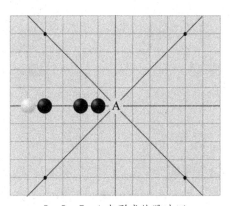

B、D、E、A点形成的跳冲四

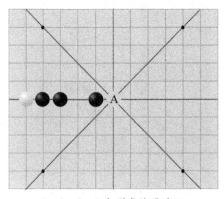

B、C、E、A点形成的跳冲四

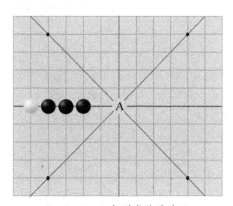

B、C、D、A点形成的跳冲四

如果白棋位于B点，与A点形成的跳冲四有以下两种棋形。

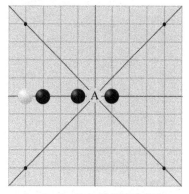

C、E、A、F点形成的跳冲四

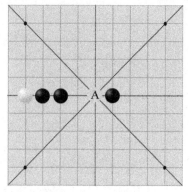

C、D、A、F点形成的跳冲四

如果白棋位于C点，与A点形成的跳冲四有以下两种棋形。

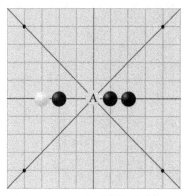

D、A、F、G点形成的跳冲四

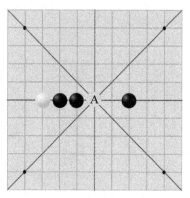

D、E、A、G点形成的跳冲四

如果白棋位于D点，与A点形成的跳冲四有以下两种棋形。

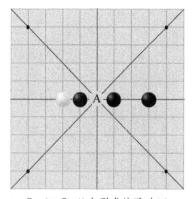

E、A、F、H点形成的跳冲四

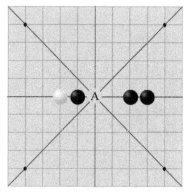

E、A、G、H点形成的跳冲四

如果白棋位于E点，与A点形成的跳冲四有以下3种棋形。

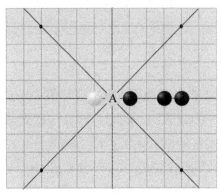

A、F、H、I点形成的跳冲四

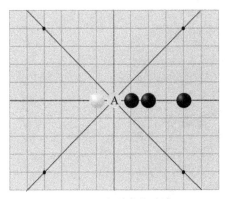

A、F、G、I点形成的跳冲四

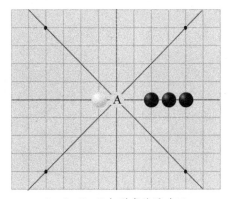

A、G、H、I点形成的跳冲四

如果没有白棋阻挡，在A点落1枚棋子后，形成跳冲四的棋形与有白棋阻挡的棋形相同，同样有12种，这里不再一一列举，只列出其中两种棋形。

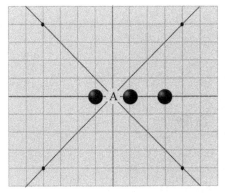

E、A、F、H点形成的跳冲四

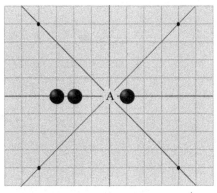

C、D、A、F点形成的跳冲四

　　四三需要满足在A点落1枚棋子后，在一条线上形成活三，在另一条线上形成活四或冲四。任何一种活三与活四或活三与冲四的组合，都是四三，所以四三变化多样，我们需要多加练习，熟悉不同的四三。

阳线上的四三

　　当我们在两条阳线的交叉点落1枚棋子，其中一条阳线上形成了活三，另一条阳线上形成了冲四或活四，此时，对方已经无法阻挡连五的形成。如果对方阻挡活三，直接在冲四或活四点落1枚棋子形成连五；如果对方阻挡冲四或活四，可以将活三变成活四，对方也无法阻挡连五的形成。

　　例如，下图中在A点落1枚黑棋后，就可以在阳线上形成跳冲四和连活三。

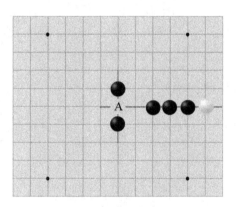

阳线上的跳冲四和连活三

　　例如，下图中在A点落1枚黑棋后，就可以在阳线上形成跳冲四和跳活三。

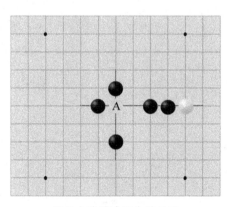

阳线上的跳冲四和跳活三

阴线上的四三

当我们在两条阴线的交叉点落1枚棋子，其中一条阴线上形成了活三，另一条阴线上形成了冲四或活四，此时，对方已经无法阻挡连五的形成。

阴线上的四三组合较多，实际下棋过程中，在对方棋子的影响下，初学者很难看到形成四三的落棋点，往往会出现错过通过四三赢棋的机会，或者没有及时阻挡对方的四三落棋点，让对方赢棋。

例如，下图中在A点落1枚黑棋后，就可以在阴线上形成跳冲四和连活三。

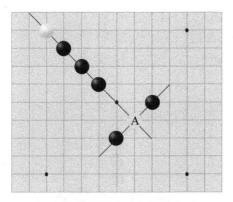

阴线上的跳冲四和连活三

例如，下图中在A点落1枚黑棋后，就可以在阴线上形成连冲四和跳活三。

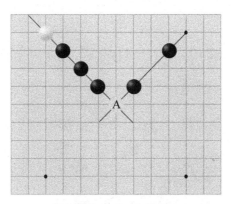

阴线上的连冲四和跳活三

在实际下棋时，如果对方已经形成了双活三，我们阻拦对方的活三已经没有任何意义，对方可以在下一步形成活四，直到形成连五获胜。此时，我们唯一可以获胜的机会就是利用四三。当对方形成双活三后，如果我们能形成四三，就能反败为胜。

四四

四四是指当落1枚棋子后，在交叉的两条线上将同时出现两个四，这两个四都可以形成连五。四四中的四，可以是活四，也可以是冲四，所以任意活四和冲四组合形成的棋形都是四四。形成四四后，对方已经无法阻挡连五的形成。

例如，下图中当我们在A点落1枚黑棋后，即可在阳线上形成跳冲四和连冲四。

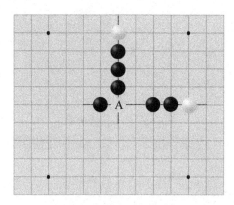

阳线上的跳冲四和连冲四

例如，下图中当我们在A点落1枚棋子后，在阴线上可形成跳冲四和活四。

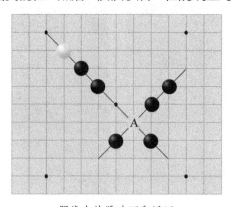

阴线上的跳冲四和活四

第三章

五子棋的开局与打点

　　本章主要介绍五子棋的开局与打点。由于五子棋规则规定谁先形成连五谁就获胜，所以先手方具有明显的优势。为了限制先手方的优势，尽量保证公平，所以规定开局前3枚棋子都由先手方下，然后由后手方选择是否交换。无论双方是否交换，执黑棋的一方第5手需要同时下2枚黑棋，执白棋的一方拿掉其中1枚棋子后，双方再轮流落子。

五子棋的开局

在五子棋的正式比赛中，前三手棋都是由执黑棋的人下的，即开局时由选择执黑棋的人下2枚黑棋和1枚白棋，后手方将根据开局的棋形决定是否交换。如果后手方选择了交换，将由后手方执黑棋。

五子棋的开局打法通常分为"斜指打法"和"直指打法"两种。斜指打法是指黑棋落在天元，白棋落在天元的斜侧位置；直指打法是指黑棋落在天元，白棋落在天元的旁边。

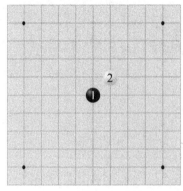

斜指打法

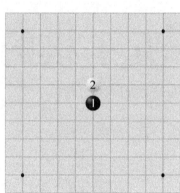

直指打法

根据第3手黑棋的不同位置，这两种打法又分别派生出13种开局，一共有26种开局，每种开局都有不同的名称，其中斜指打法中的"彗星局"和直指打法中的"游星局"已经在五子棋职业比赛中被摒弃，所以在五子棋职业比赛中指定的开局一共有24种。下面将分别列举用斜指打法和直指打法开局的不同棋形。

斜指开局

五子棋职业比赛中有12种指定的斜指开局。

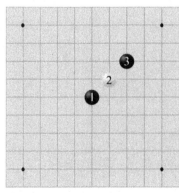

长星局

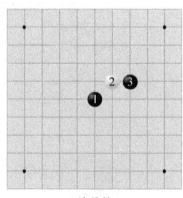

峡月局

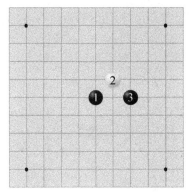

恒星局

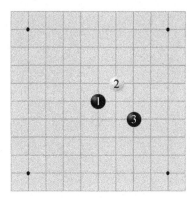

水月局

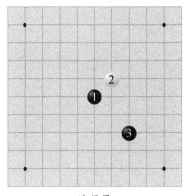

流星局

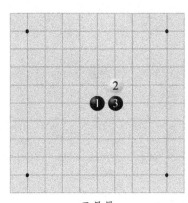

云月局

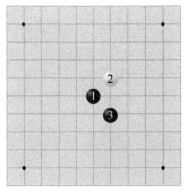

浦月局

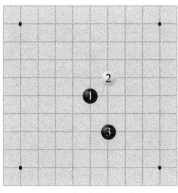

岚月局

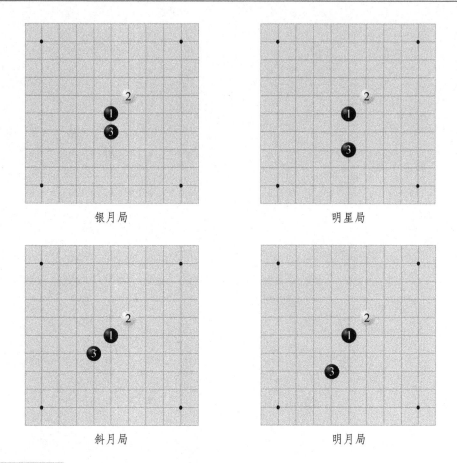

银月局

明星局

斜月局

明月局

直指开局

五子棋职业比赛中有12种指定的直指开局。

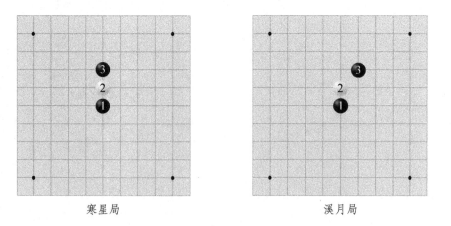

寒星局

溪月局

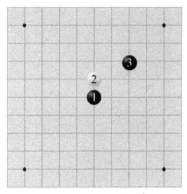

疏星局

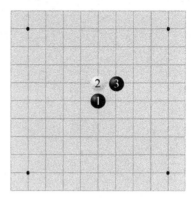

花月局

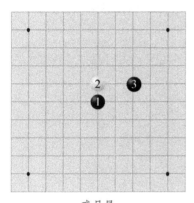

残月局

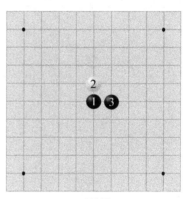

雨月局

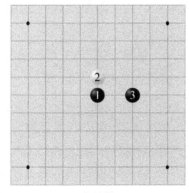

金星局

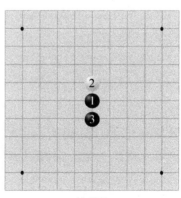

松月局

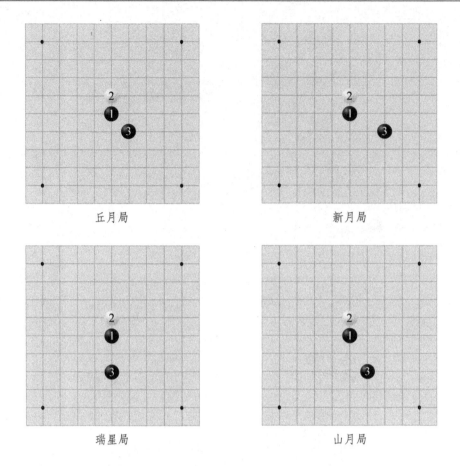

丘月局　　　　　　　　　　　　新月局

瑞星局　　　　　　　　　　　　山月局

开局时黑棋的进攻性强弱

　　五子棋职业比赛中指定的开局一共有24种，是不是任何一种开局获胜的概率都差不多呢？如果有些开局的获胜概率大，先手方是不是一定会选择获胜概率大的开局呢？

　　由于规则确定了先手方下了前3枚棋子后，要由后手方决定是否交换，如果先手方选择了获胜概率大的开局，后手方肯定会选择交换，所以先手方选择开局时需要权衡利弊。

　　开局时先手方究竟该选择哪一种开局，后手方是否要选择交换，双方并不会凭感觉，通常会根据开局是否对自己有利来确定。所以我们需要先了解开局中两枚黑棋的进攻性强弱，然后根据黑棋的进攻性强弱选择合适的开局，或者是否交换。

> 通常将开局时两枚黑棋相连的形状称为连，中间相隔 1 枚棋子的形状称为间，形成马步的形状称为桂。

由于棋盘是对称的，所以无论第二枚黑棋落在规定区域内的哪一个点，都能在以下几种情况中找到。接下来将逐一分析这几种情况中黑棋的进攻性强弱，为选择开局或决定是否交换提供理论依据。

要分析进攻性，首先需要看下一步有多少点可以形成活三，有多少点可以形成眠三，有多少点可以同时与黑棋1和黑棋2形成活二，以及有多少点可以与黑棋1或黑棋2形成活二。

为了方便介绍，我们将能直接形成活三的进攻点用字母A表示，将能形成眠三的点用字母B表示，将能同时与黑棋1和黑棋2形成活二的点用字母X表示，将只能和1枚黑棋形成活二的点用字母C表示。

阴线上的连二

下图是阴线上的连二，有4个A点可以形成活三，有2个B点可以形成眠三，有6个X点可以同时与黑棋1和黑棋2形成活二，有24个C点可以与黑棋1或黑棋2形成活二。

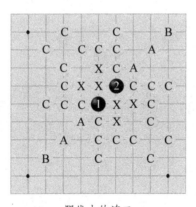

阴线上的连二

阳线上的连二

下页图是阳线上的连二，有4个A点可以形成活三，有2个B点可以形成眠三，有4个X点可以同时与黑棋1和黑棋2形成活二，有28个C点可以与黑棋1或黑棋2形成活二。

阳线上的连二

桂二

下图中黑棋1和黑棋2组成的形状是桂二，图中没有可以直接形成活三的进攻点，也没有可以形成眠三的点，有10个X点可以同时与黑棋1和黑棋2形成活二，有28个C点可以与黑棋1或黑棋2形成活二。

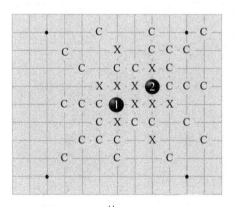

桂二

阴线上的间二

下页图是阴线上的间二，图中有3个A点可以形成活三，有2个B点可以形成眠三，有2个X点可以同时与黑棋1和黑棋2形成活二，有32个C点可以与黑棋1或黑棋2形成活二。

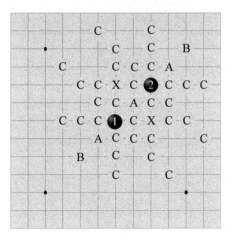

阴线上的间二

阳线上的间二

下图是阳线上的间二，图中有3个A点可以形成活三，有2个B点可以形成眠三，有6个X点可以同时与黑棋1和黑棋2形成活二，有24个C点可以与黑棋1或黑棋2形成活二。

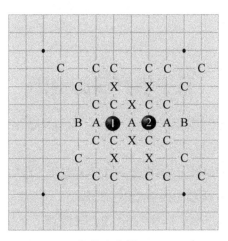

阳线上的间二

我们分析了开局时成不同棋形的两枚黑棋的攻击性，棋形不同，形成的活三、眠三、双活二和活二的数量都不一样，具体数量如下页表所示。

开局时成不同棋形的黑棋攻击性分析表

棋形	活三	眠三	双活二	活二
阴线上的连二	4	2	6	24
阳线上的连二	4	2	4	28
桂二	0	0	10	28
阴线上的间二	3	2	2	32
阳线上的间二	3	2	6	24

　　我们已经知道，活三可以直接进攻，所以活三数量越多，两枚黑棋的攻击性越强。从上表可以看出，两枚黑棋相连时，形成活三的数量比相间时形成的数量要多，所以攻击性最强。两枚黑棋形成桂二时没有活三，所以攻击性是最弱的。

五子棋开局的选择

　　我们在分析开局时黑棋的攻击性时，没有考虑白棋，如果增加1枚白棋，连二的攻击性还是最强吗？

　　接下来我们将在斜指开局中选择"浦月局""云月局""峡月局""长星局""恒星局"来分析其攻击性的变化情况。

　　下页图是浦月局，两枚黑棋在阴线上形成连二。图中有4个A点可以形成活三，有2个B点可以形成眠三，有5个X点可以同时与黑棋1和黑棋3形成活二，有21个C点可以与黑棋1或黑棋3形成活二。

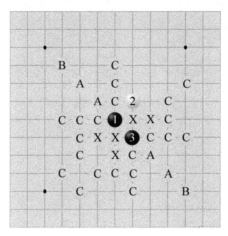

浦月局

下图是云月局，两枚黑棋在阳线上形成连二。图中有4个A点可以形成活三，有2个B点可以形成眠三，有3个X点可以同时与黑棋1和黑棋3形成活二，有24个C点可以与黑棋1或黑棋3形成活二。

云月局

下页图是峡月局，两枚黑棋形成桂二。图中没有可以直接形成活三的进攻点，也没有可以形成眠三的点，有6个X点可以同时与黑棋1和黑棋3形成活二，有30个C点可以与黑棋1或黑棋3形成活二。

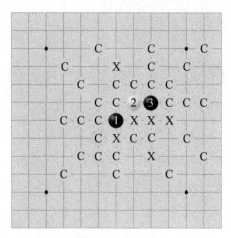

峡月局

下图是长星局，两枚黑棋在阴线上形成间二。图中没有可以直接形成活三的进攻点，也没有可以形成眠三的点，有2个X点可以同时与黑棋1和黑棋3形成活二，有32个C点可以与黑棋1或黑棋3形成活二。

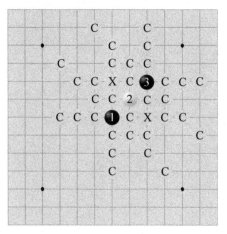

长星局

下页图是恒星局，两枚黑棋在阳线上形成间二。图中有3个A点可以形成活三，有2个B点可以形成眠三，有3个X点可以同时与黑棋1和黑棋3形成活二，有18个C点可以与黑棋1或黑棋3形成活二。

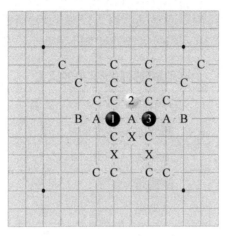

恒星局

　　我们分析了5种斜指开局，受白棋的影响，黑棋的攻击性有一定变化，但总体来看，连二的攻击性还是比间二强。5种开局形成的活三、眠三、双活二和活二的具体数量如下表所示。

5种斜指开局的攻击性分析表

开局	活三	眠三	双活二	活二
浦月局（阴线连二）	4	2	5	21
云月局（阳线连二）	4	2	3	24
峡月局（桂二）	0	0	6	30
长星局（阴线间二）	0	0	2	32
恒星局（阳线间二）	3	2	3	18

　　当我们清楚了不同开局的攻击性强弱后，先手方在选择开局时最好不要选择攻击性强的，以免后手方选择交换。后手方也可以根据开局棋形的攻击性强弱判断交换后是否对自己有利，从而决定是否交换。

若对其他斜指开局和直指开局的攻击性强弱有兴趣，可以采用相同的方法分析。斜指开局和直指开局优劣势对比如下表所示。

24种不同开局优劣势对比表

开局	开局名称	黑棋	白棋
直指开局	寒星局	优	劣
	溪月局	优	劣
	疏星局	平衡	平衡
	花月局	优	劣
	残月局	优	劣
	雨月局	优	劣
	金星局	优	劣
	松月局	优	劣
	丘月局	优	劣
	新月局	优	劣
	瑞星局	平衡	平衡
	山月局	优	劣
斜指开局	长星局	劣	优
	峡月局	劣	优
	恒星局	优	劣
	水月局	优	劣
	流星局	劣	优
	云月局	优	劣
	浦月局	优	劣
	岚月局	优	劣
	银月局	优	劣
	明星局	优	劣
	斜月局	优	劣
	明月局	优	劣

五子棋的打点

根据五子棋的比赛规则，在第5手时，黑棋方需要同时落两枚棋子（即打点），然后由白棋方拿掉其中1枚棋子。黑棋方将两枚棋子落在什么地方合适呢？白棋方拿掉哪一枚黑棋对自己更有利呢？双方都需要做出对自己更有利的选择。

在第5手打点时，棋盘上已经有2枚黑棋和2枚白棋，第5手的打点好坏将直接影响黑棋的攻击性。黑棋方要力争两处打点的黑棋攻击性都强；白棋方要尽量将攻击性更强的那一枚棋子拿掉。

接下来介绍打点后3枚黑棋常见的4种棋形，并分析下一步黑棋与这3枚黑棋可形成活三、眠三和活二的情况。我们将下一步黑棋能形成活三的点用A表示，能形成眠三的点用B表示，能同时与3枚黑棋形成活二的点用D表示，能同时与其中2枚黑棋形成活二的点用X表示，能与其中1枚黑棋形成活二的点用C表示。

棋形一

下图中3枚黑棋在阴线上相连，如果我们再落1枚黑棋，能与这3枚黑棋同时形成活二的D点有2个，能与其中两枚黑棋同时形成活二的X点有8个，能与其中1枚黑棋形成活三的C点有32个。

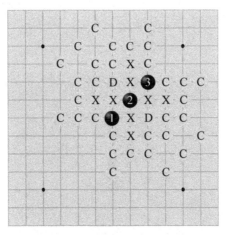

棋形一

棋形二

　　下图中3枚黑棋在阳线上相连，如果我们再落1枚黑棋，能与这3枚黑棋同时形成活二的D点有2个，能与其中两枚黑棋同时形成活二的X点有8个，能与其中1枚黑棋形成活二的C点有32个。

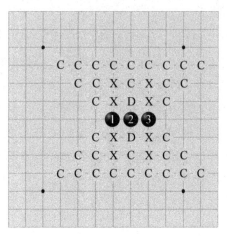

棋形二

棋形三

　　下图中3枚黑棋两两相连，如果我们再落1枚黑棋，能与这3枚黑棋形成活三的A点有12个，形成眠三的B点有6个，形成活二的D点有1个；能与其中两枚黑棋同时形成活二的X点有4个；能与其中1枚黑棋形成活二的C点有23个。

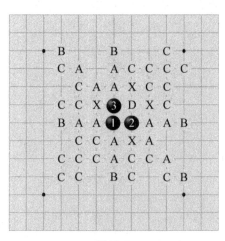

棋形三

棋形四

　　下图中黑棋1分别与黑棋2和黑棋3相连，如果我们再落1枚黑棋，能与这3枚黑棋形成活三的A点有8个，形成眠三的B点有4个，形成活二的D点有2个；能与其中两枚黑棋同时形成活二的X点有7个；能与其中1枚黑棋形成活二的C点有26个。

棋形四

　　我们分析了打点后3枚黑棋组成的4种不同棋形的攻击性，棋形不同，形成的活三、眠三、三活二、双活二和活二的数量都不一样，具体数量如下表所示。

打点黑棋棋形攻击性分析表

棋形	活三	眠三	三活二	双活二	活二
棋形一	0	0	2	8	32
棋形二	0	0	2	8	32
棋形三	12	6	1	4	23
棋形四	8	4	2	7	26

　　从上表我们可以看出，在没有考虑白棋位置的前提下，3枚黑棋组成的4种棋形中，棋形三的攻击性最强，棋形四的攻击性要稍微弱一点，棋形一和棋形二的攻击性相同。但在实际的对弈中，并不是第5手黑棋与另外两枚黑棋组成棋形三就是最好的选择，需要结合白棋的位置来判断，不能生搬硬套。

五子棋打点的选择

我们已经清楚了打点后3枚黑棋组成的常见棋形的攻击性强弱，如果黑棋方在第5手打点的位置不好，将直接削弱黑棋的攻击性，从而导致白棋方有机会转守为攻。接下来将结合具体的开局棋形，分析选择不同位置打点，黑棋攻击性强弱的变化。

下图的开局是斜指开局中的浦月局，第4手白棋落在了J8，第5手黑棋落在什么位置比较好呢？如果我们此时不考虑白棋的位置，根据打点后3枚黑棋组成的常见棋形的分析，第5手黑棋落在C点和D点，相比落在A点和B点，下一步形成的活三数量更多，攻击性更强，实际情况是这样的吗？

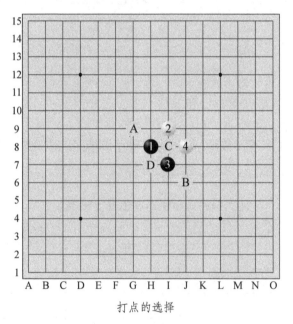

打点的选择

如果第5手黑棋落在C点，如下页图所示，如果白棋下一手落在E点或F点形成活三，黑棋下一手只能防守，阻挡白棋的活三。接着白棋在G点或H点形成冲四，黑棋被动防守后，白棋可以在A点或B点做棋，为后面的进攻做铺垫。

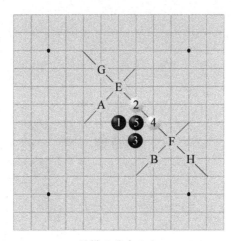

黑棋 5 落在 C 点

例如，白棋6在E点形成活三，黑棋7在F点防守，然后白棋8在G点形成冲四，黑棋9只能被动防守。接着白棋10在A点做棋，防守了黑棋活二1-3（表示由棋子1和棋子3形成的活二，此后不再提示）的同时，形成3个活二8-10、6-10和2-10，如果黑棋不反击，白棋就可以继续进攻。

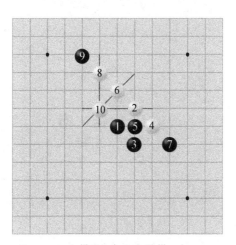

白棋 10 在 A 点做棋

如果第5手黑棋落在D点，虽然形成3个活二1-3、1-5和3-5，白棋仍然可以先形成活三，然后在G点或H点防守，阻挡黑棋活二1-5或3-5，同时自己也形成了1个新的活二。但黑棋还可以继续通过活二1-3进攻，同时形成新的活二。

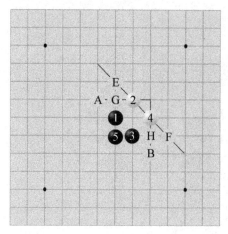

黑棋5落在D点

例如，白棋6在E点形成活三，黑棋7在F点防守，然后白棋8在H点防守黑棋的活三。黑棋9可以在B点形成活三，同时形成活二，白棋10只能被动防守，黑棋可以继续通过进攻做棋，掌握主动权。

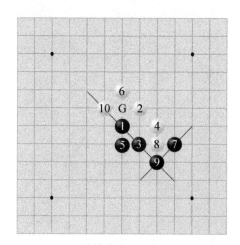

黑棋进攻点分析

　　通过分析，我们可以看出黑棋5落在D点比C点要好，假如第5手黑棋方将两枚棋子落在了C点和D点，白棋方拿掉落在D点的棋子才是正确的选择。

我们已经知道黑棋5落在D点比C点要好，如果黑棋5落在A点或B点呢，是不是会比落在D点更好？

因为A点和B点相对于C点对称，所以落在这两点的效果是一样的。如果黑棋5落在A点或B点，黑棋形成活三，白棋只能在一边防守，黑棋可以继续形成冲四，然后在E点或F点做棋，形成3个活二。

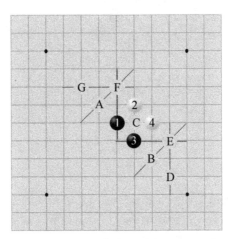

黑棋5落在A点或B点

例如，黑棋5在A点通过形成活三进攻，白棋6在B点防守。黑棋继续在G点形成冲四，白棋只能被动在H点防守。

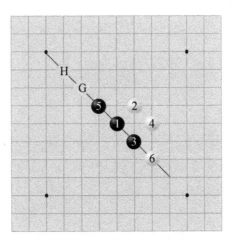

黑棋进攻点分析（1）

白棋8防守后，黑棋9在F点形成3个活二，即活二7-9、5-9和1-9。由于白棋只有1个活二，如果白棋下一步进攻，对黑棋没有任何威胁性，黑棋防守后可以连续进攻。

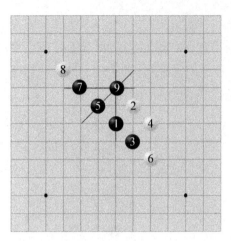

黑棋进攻点分析（2）

　　虽然 3 枚黑棋成角的攻击性最强，但实际对局中白棋会阻挡，所以打点后黑棋的攻击性强弱得根据对方棋子的位置分析判断。打点也是一种博弈，黑棋方要根据白棋的位置选择两处对自己最有利的点，而白棋方要尽快将对自己不利的 1 枚棋子拿掉。

第四章

五子棋的进攻与防守

　　五子棋是两人对弈的策略型棋类游戏，谁先形成连五谁获胜，所以整个对弈的过程中双方不断地进攻和防守，不停地进行攻防转换，直到一方获胜。本章将通过不同案例详细介绍五子棋的进攻与防守。由于对弈时局势千变万化，所以本章会重点介绍进攻和防守的思路，只有思路清楚了，进攻和防守才有效。

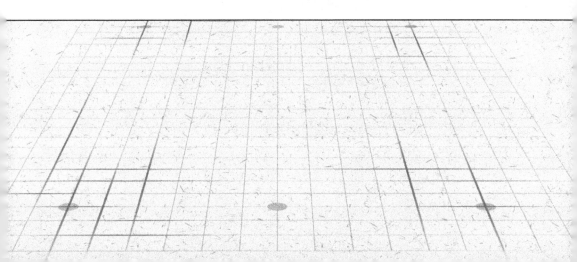

　　五子棋棋盘上有225个交叉点，棋子落在不同的交叉点，棋子的进攻或防守能力是不一样的，所以我们在学习五子棋的进攻和防守之前，需要先了解五子棋的子力。另外，我们在进攻和防守时，还需要考虑棋子的连接和方向，因为受棋盘边线的限制，棋子的连接和方向不同，可拓展空间会不一样。

五子棋的子力

　　棋子位于棋盘的不同点，可形成连五的机会不一样，即位于不同点的棋子的子力会不一样。通常越靠近棋盘中间的棋子子力越强，越靠近棋盘边线的棋子子力越弱。在不考虑对方棋子的前提下，我们先来分析位于不同点的棋子子力。

　　以棋盘中落在天元的A点为例，首先分析在横线上能和A点形成连五的情况。下图中在横线上的A点左右两边相连的4个交叉点，都有机会与A点形成连五，一共有5种连五的情况。

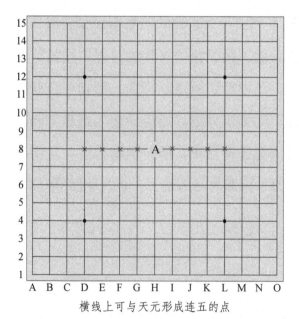

横线上可与天元形成连五的点

　　由于经过天元的线有两条阳线和两条阴线，以天元为中心，这4条线左右两边的交叉点都相同。我们已经知道一条线上与A点形成连五的情况有5种，所以与A点可形成连五的情况一共有20种，可形成连五的点如下页图所示。

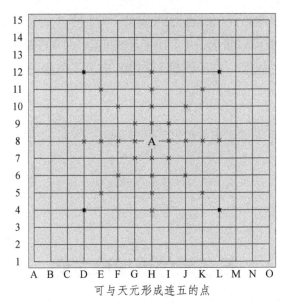

可与天元形成连五的点

D4、D12、L4、L12是小星，能与小星形成连五的情况有多少种呢？我们以落在D4小星的A点为例，看看能与A点形成连五的方法一共有多少种。

能与A点形成连五的交叉点如下图所示。从图中可以看出，两条阳线上能与A点形成连五的交叉点比能与天元形成连五的交叉点分别少了1个，形成连五的情况也分别少了1种。阴线上能与A点形成连五的交叉点和能与天元形成连五的交叉点相比，一条阴线上少了1个，另一条阴线上少了2个，阴线上形成连五的方法也分别少了1种和2种。所以能与A点形成连五的方法一共比能与天元形成连五的方法少了5种，只有15种。

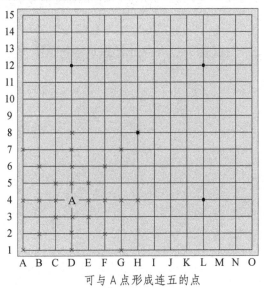

可与A点形成连五的点

分析得出，能与A点形成连五的情况只有3种。

通过上述分析可以看出，4个小星围成的区域中的棋子子力最强；棋子越靠近边线，子力越弱，位于棋盘4个角的棋子子力最弱。

> 五子棋对局的最终目的就是要形成连五赢棋。根据五子棋子力的分析结论，我们在实际对局中，要尽量让自己的棋子往空间更大的方向发展，这样形成连五的机会才会更多。

五子棋的连接和方向

五子棋对局的目的是形成连五赢棋，所以在进攻或防守时，需要考虑落下的棋子是否能与棋盘上的其他棋子相连。棋盘上除边线上的点外，其余交叉点上的棋子都可以在4条线上从8个方向进行连接。

连接通常分为两种，一种是与棋盘上已有的同色棋子连接，另一种是通过自己的进攻创造新的连接，为继续进攻打下基础。

我们已经知道棋盘中不同区域内的棋子可形成连五的数量不一样，拓展空间大的棋子子力强，拓展空间小的棋子子力弱。所以我们在考虑棋子的连接时，还需要考虑方向，要尽量往拓展空间大的区域发展，让对方往拓展区域小的方向发展。

请问在下页图中白棋是下在A点好还是B点好呢？

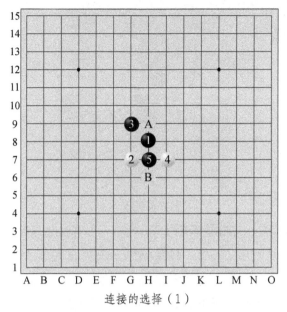

连接的选择（1）

假设白棋下在A点，阻挡了对方的1个活二黑棋1-5，以及黑棋3向右边空间拓展，可是A点的白棋与已有的白棋2和白棋4都无法相连。如果白棋下在B点，同样可以阻挡对方的活二黑棋1-5，同时白棋形成了2个活二，为下一步进攻打下基础，如下图所示。

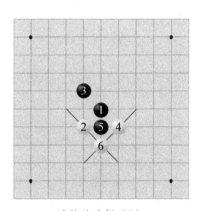

连接的选择（2）

白棋已经形成2个活二，黑棋无法通过形成活三进攻，所以需要阻挡白棋方的活二。黑棋方可以在A、B、C、D点阻挡其中一个活二，选择在哪一个点阻挡较好呢？这些点对黑棋拓展空间的影响一样吗？

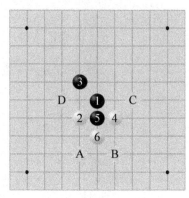

连接和方向的选择（1）

从上图可以看出，如果黑棋下在A点，可以阻挡白棋的活二6-4；下在B点，可阻挡白棋的活二6-2，并且限制了白棋在阴线上的拓展。但是A点或B点的黑棋和棋盘上已有的黑棋都无法相连，经过这2个点的阳线和其中一条阴线向上的拓展也被白棋限制，向下拓展的空间因为边线的限制也很小。所以无论是A点还是B点，对黑棋方来说都不是好的选择。

如果下在C点呢？当黑棋下在C点，可以阻挡对方的活二6-4，同时可以与黑棋1形成活二。其拓展空间也只在其中一条阴线上受到阻挡，明显下在该点比下在A点和B点要好一些。

下在D点和下在C点的效果一样吗？如果黑棋下在D点，可以阻挡对方的活二6-2，同时可以与黑棋1和黑棋3形成双活二，如下图所示。

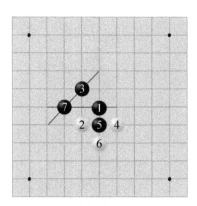

连接和方向的选择（2）

上图中黑棋7的拓展空间只在其中一条阴线上受到阻挡，所以下在D点比下在C点更好。

　　清楚棋子的子力以及连接和方向后，我们在对弈时就可以更有针对性地选择落棋点。进攻时要选择子力强、连接和拓展性好的点，防守时需要防对方子力强、连接和拓展性好的点。

五子棋的进攻

　　五子棋对局中黑白双方不断进攻和防守，不停地进行攻防转换，直到其中一方形成连五获胜。我们只有掌握了进攻和防守的基本要领和技巧，才能领略五子棋千变万化的魅力，体会进攻和防守带来的乐趣。

直接进攻和间接进攻

　　直接进攻是指落子后形成了活三或者冲四，对方不得不防守。间接进攻是指落子后可以形成多个活二，即使对方阻挡一个活二，也可以下一步通过另外一个活二形成活三或者四三。

　　接"五子棋的连接和方向"中所举的案例，黑棋7下在了F8，已经形成了2个活二，如果白棋直接进攻，将棋子下在A、B、C、D任意一点都可以形成活三，黑棋就不得不阻挡白棋的活三。

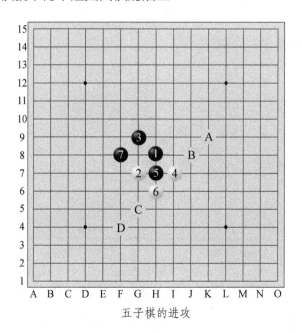

五子棋的进攻

白棋8下在A、B、C、D任意一点都可以形成活三，究竟下在哪一个点最好呢？如果下在A点或D点，黑棋可以在B点或C点防守，A点或D点的白棋将无法和已有棋子连接，所以这两点不是好的选择。

如果白棋8下在B点，黑棋只能在A点或C点防守，从连接和方向两方面考虑，黑棋下在A点比下在C点要好。但对于白棋8来说，下在B点并没有带来新的连接，下一步将无法继续进攻，所以B点也不是好的选择。

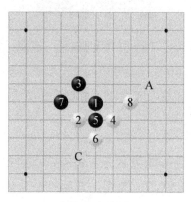

直接进攻（1）

如果白棋8下在C点，黑棋只能在B点或D点防守，从连接和方向两方面考虑，黑棋下在B点比下在D点要好。但对于白棋8来说，下在C点后，与白棋2形成了新的连接，下一步可以在白棋2和白棋8之间的E点落子形成活三，同时与白棋6形成活二。所以在A点、B点、C点、D点中，白棋8下在C点进行直接进攻比较好。

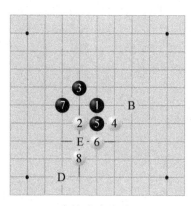

直接进攻（2）

假如白棋方采取防守策略，将白棋8下在了黑棋7和黑棋1之间，黑棋方可以下在下图的A点、B点、C点、D点形成活三直接进攻，也可以下在E点间接进攻。

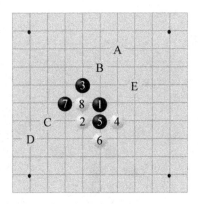

间接进攻（1）

如果黑棋9下在E点，黑棋9分别和黑棋3与黑棋5形成活二3-9和5-9，即使白棋阻挡了其中一个活二，黑棋下一手还能继续通过形成活三直接进攻。

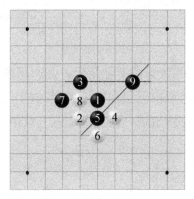

间接进攻（2）

进攻的时机

初学者容易看到活二就冲活三，有三就冲四，而不管进攻的结果。实际上这种进攻方式并不可取，很容易被对方防守的同时反击，从而导致最终输棋。

我们在进攻前，需要先规划好进攻路线，要形成连续进攻，尽量不给对方反击的机会。如果我们进攻了几手后发现无法取胜，要及时停止进攻，转攻为守，为再次进攻做准备。

接"间接进攻"中所举的案例，假如白棋10下在A点，阻挡了活二3-9的同时形成了活三6-4-A，黑棋11只能在B点防守，接着白棋12在C点阻挡活二5-9。

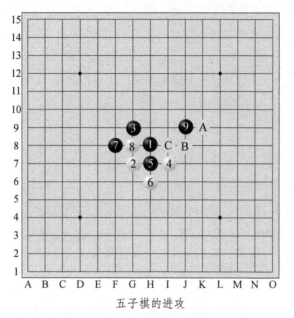

五子棋的进攻

白棋12下在C点后的效果如下图所示，此时黑棋已经有2个活二，分别是3-7和9-11，可以看出黑棋已经具备连续进攻的机会，可以通过活三的进攻形成新的连接，然后继续进攻，直到形成四三获胜。

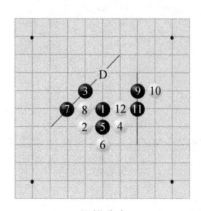

间接进攻

黑棋进攻的时机已经成熟，可以直接发起攻击，黑棋13先在D点形成活三，白棋只能在两边防守。无论白棋防守哪一边，都无法反击，所以白棋

14防守后，黑棋15可以继续在E点形成冲四。

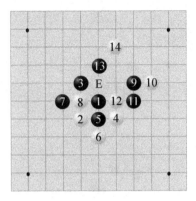

黑棋进攻点（1）

黑棋15在E点形成冲四后，白棋只能被动防守。黑棋已经有一个眠三3-15-9，另外有一个活二11-13，并且在F点可以形成四三。所以黑棋17直接下在F点形成冲四3-15-F-9，同时形成活三13-F-11。此时白棋已无法防守，黑棋凭借四三获胜。

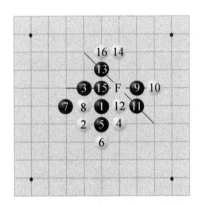

黑棋进攻点（2）

　　从上面的分析可以看出把握住进攻时机非常重要。如果没有规划好进攻路线就发起进攻，将很难获胜；如果贻误了进攻时机，就会被对方反攻，错失赢棋的机会。假设黑棋9没有间接进攻，而是形成活三7-3-9直接进攻，就很难快速获胜。

进攻的顺序

我们在进攻前，需要考虑好进攻路线，即进攻的先后顺序，如果进攻的顺序错误，将很难取得胜利。

例如，在"进攻的时机"案例中，如果黑棋15没有在E点形成冲四，而先在F点形成活三11-F-13，同时增加了一个眠三3-F-9，白棋16只能在G点或H点防守。

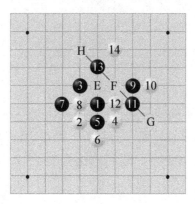

黑棋进攻顺序（1）

白棋16无论在哪个点防守，都无法形成反击。假设白棋16在H点防守，此时黑棋无法在E点形成冲四，因为该点已是黑棋的四四禁手点。

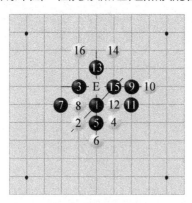

黑棋进攻顺序（2）

从上面的分析可以看出计划好进攻路线顺序非常重要，如果进攻顺序没有计划好，就会导致每次进攻都被对方防守，错过赢棋的机会。

创造三三获胜

我们已经知道，黑棋要想获胜，只能形成四三，白棋却没有限制，可以通过三三、四四、四三获胜，还可以利用禁手获胜。下面将介绍白棋进攻时通过三三获胜的方法。

下图中白棋方怎样行棋才能创造三三获胜呢？

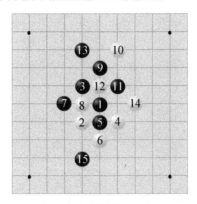

创造三三获胜棋形示例

通过棋形可以看出白棋只有两个进攻点，一个是眠三6-4-14，另一个是活二8-12。要想通过三三获胜，就要创造2个活二，并且这2个活二有一个共用的交叉点，该点能同时让2个活二形成活三。

由于通过三三获胜需要2个活二，所以白棋不能先通过活二8-12进攻，只能通过眠三进攻。下图中的A点或B点都可以形成冲四，如果在A点形成冲四，A点与白棋10形成新的活二，如果在B点形成冲四，B点的白棋与其他棋子没有连接，所以在A点形成冲四是正确的选择，形成冲四后黑棋只能在B点防守，防守后没有形成反击，白棋可以继续进攻。

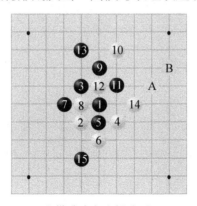

白棋进攻点分析（1）

　　黑棋17防守后，白棋有2个活二，这2个活二没有共用的交叉点，无法形成三三。白棋可以在下图中的A、B、C点进行进攻，如果通过A点和C点进攻，没有形成新的活二，如果通过B点进攻，与白棋14形成了新的活二。所以白棋下在B点是正确的选择。

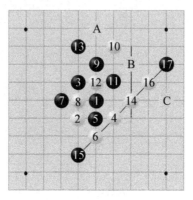

白棋进攻点分析（2）

　　黑棋19防守后，白棋在A点直接进攻形成双活三8-12-A和14-18-A，黑棋已没有机会通过冲四形成四三反击。

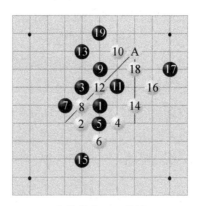

白棋形成三三获胜

　　要通过三三获胜，除了要掌握好进攻的时机和规划好进攻的顺序外，进攻时还要不断通过连接形成新的活二，并且不能给对方反击的机会，要一鼓作气形成双活三。

创造四三获胜

由于规定黑棋只能通过四三获胜，所以黑棋要想获胜，就需要创造出四三。通常需要创造一个眠三和活二，并且眠三与活二要有一个共同的交叉点，该点使眠三形成冲四，使活二形成活三。黑棋在行棋时，要有意识地创造眠三和活二。

下图中黑棋方怎样行棋才能创造四三获胜呢？

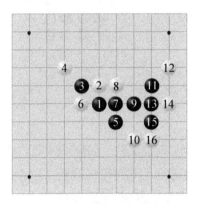

创造四三获胜棋形示例

从图中可以看出黑棋有2个眠三，分别是11-13-15和5-9-11，有1个活二5-15。如果通过眠三5-9-11形成冲四，没有形成新的活二，如果通过眠三11-13-15在A点形成冲四，可以形成新的活二。所以黑棋可以在黑棋7与A点所在的阴线上先创造一个活二，然后再通过眠三11-13-15形成冲四，从而形成四三。

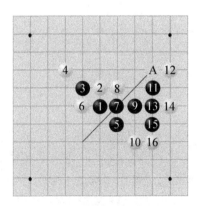

黑棋进攻点分析（1）

通过分析得知，要形成四三，就必须先与黑棋7创造1个新的活二，从下图中可以看出，黑棋通过活二5-15在B点形成活三的同时，B点与黑棋7也形成了新的活二。

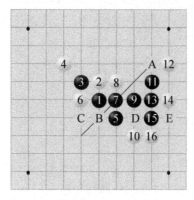

黑棋进攻点分析（2）

当黑棋通过活三17-5-15进攻后，白棋如果在C点或D点防守，无法形成反击，所以通常会在E点防守，同时形成活三12-14-E，但是由于黑棋是先手方，可以在A点先发起冲四，同时形成活三17-7-A，黑棋通过四三获胜。

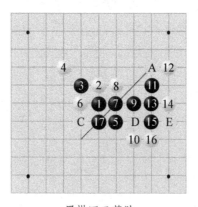

黑棋四三获胜

　　创造四三获胜的关键是创造眠三和活二，当没有眠三的时候，我们要创造连活三，无论对方怎么防守，都可以形成眠三，然后创造能与眠三形成四三的活二。我们在创造四三的过程中，需要计划好线路和方向，尽量不要给对方反击的机会。

创造四四获胜

由于白棋可以通过四四获胜，所以在实际对局中，白棋可以有意识地创造四四，即使对方阻挡其中一个四，也无法阻挡另一个四形成连五。

下图中黑棋1在阴线上通过跳活三进攻，白棋怎样才能通过四四获胜呢？

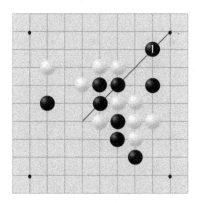

创造四四获胜棋形示例

由于黑棋已经形成了活三，通常白棋会在下图所示的A点防守，同时形成冲四，黑棋在B点防守并形成冲四，白棋只能在C点防守。

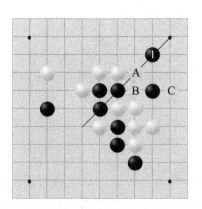

黑白双方攻防点分析

实际上白棋可以不防守黑棋的活三，直接进攻，通过四四获胜。白棋可以在下页图的B点形成冲四，黑棋只能在C点防守，然后白棋在A点形成四四，黑棋已无法防守。

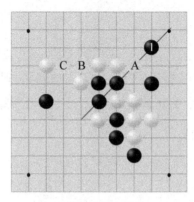

白棋创造四四获胜

利用三三禁手获胜

　　白棋除了通过三三、四三、四四获胜外，还可以利用禁手规则获胜。白棋可以通过做棋，逼黑棋不得不下在三三禁手点，从而获胜。

　　下图中白棋方怎样行棋才能利用三三禁手获胜呢？

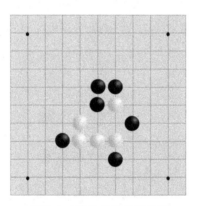

利用三三禁手获胜示例棋形

　　白棋有1个眠三和2个活二，所以可以通过眠三和活二直接进攻。但这里白棋希望利用三三禁手获胜，所以需要主动给黑棋创造活二，使其出现一个三三禁手点，然后主动进攻，逼黑棋不得不在禁手点防守。

　　经过C点的阳线上黑棋有一个连活二，阴线上只有1枚黑棋，所以白棋可以先给黑棋在阴线上创造一个活二。白棋可以在B点形成跳冲四，黑棋只能在A点防守，防守的同时在阴线上形成了新的活二。

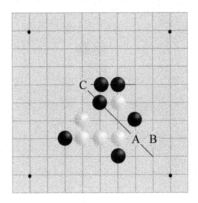

白棋进攻点分析（1）

白棋形成冲四后，C点已是黑棋的禁手点，所以白棋需要继续进攻，逼黑棋不得不在C点防守。要想黑棋必须在C点防守，白棋就必须形成冲四，所以白棋需要1个活三，然后通过黑棋防守后的眠三形成冲四。

白棋在下图A点通过活三继续进攻，由于C点是禁手点，黑棋只能在B点防守。

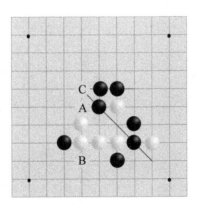

白棋进攻点分析（2）

黑棋防守后白棋形成了一个眠三，如下页图所示。此时，只要白棋在A点形成跳冲四，黑棋就只能在三三禁手点防守，从而白棋获胜。

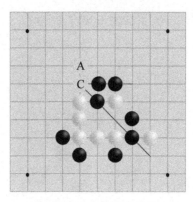

白棋利用三三禁手获胜

利用四四禁手获胜

如果要通过黑棋的三三禁手点获胜，就需要主动给黑棋创造一个三三禁手点，然后通过冲四逼黑棋不得不在禁手点防守。如果要利用黑棋的四四禁手点获胜呢，给黑棋做棋的思路是什么呢？

下图中白棋方怎样行棋才能利用四四禁手获胜呢？

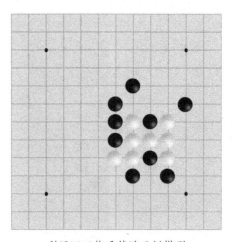

利用四四禁手获胜示例棋形

白棋有4个眠三，可以通过眠三直接进攻，由于白棋希望利用四四禁手获胜，所以需要主动给黑棋创造出2个三，使其出现一个四四禁手点，然后进攻，逼黑棋不得不在禁手点防守。

从下图中可以看出，经过A点的横线上黑棋有一个跳活二，竖线上只有1枚黑棋，如果白棋进攻，让黑棋在防守过程中在这2条线上分别形成活三，然后再形成冲四，让黑棋不得不在四四禁手点（A点）防守，就能实现利用四四禁手获胜的目的。

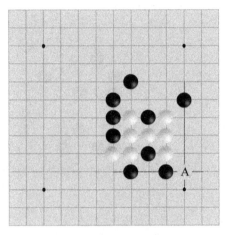

白棋进攻点分析（1）

清楚了进攻思路后，白棋可以先在B点形成跳冲四，黑棋只能在C点防守，形成1个活三。

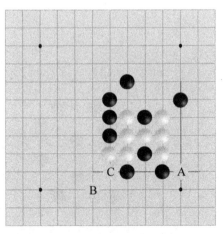

白棋进攻点分析（2）

接下来白棋需要给黑棋创造第二个活三。白棋可以先在G点形成跳冲四，黑棋只能在F点防守，同时形成1个新的活二。白棋还有2个眠三，如果在A点形成冲四，白棋将失去通过禁手点获胜的机会，黑棋也将转守为攻。所以白棋只能在D点形成冲四，黑棋被逼在E点防守，同时形成1个新的活二。

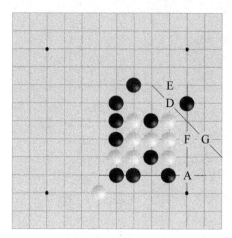

白棋进攻点分析（3）

白棋在D点形成冲四后，继续在下图所示的H点形成跳活三，诱使黑棋在F点防守，同时形成活三。此时黑棋已经有2个活三，并且A点是四四禁手点。白棋只要在I点形成跳冲四，黑棋就不得不在禁手点防守，从而判白棋获胜。

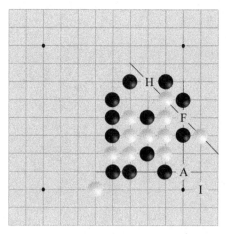

白棋进攻点分析（4）

通过创造不同的获胜方式可以看出，无论采取哪种方式取胜，我们都需要掌握好进攻的时机，要有明确的进攻思路、方向和顺序。所以我们要想清楚后面的几步棋怎么走，这样进攻才能有的放矢。

五子棋的防守

五子棋对局中无论是黑棋还是白棋，最终都是通过进攻获胜的，所以进攻是五子棋对局的核心。无论是哪一方进攻，对方都必须防守，通过防守找到反击的机会。

五子棋防守要点

我们已经知道对局时白棋可以通过三三、四四、四三，以及利用禁手点获胜，黑棋只能通过四三获胜，所以无论是白棋方还是黑棋方，防守时需要注意以下几个要点。

（1）对方要进攻，就需要有活三，所以防守时要抢占对方形成活三的要点，尽量减少对方形成活二的数量，不给对方连续进攻的机会。如果对方有多个活二，防守时要先防守阴线上的活二，因为阴线上活二拓展的线路比直线多。

（2）对方的进攻点就是己方的防守点，所以防守时首先要尽量阻止对方朝着更大的空间发展，以及阻止对方的棋子更多地相连。

（3）若发现对方希望通过连续进攻做棋，可以根据自己的棋形，选择形成冲四反击，变被动为主动，通过反击主动占据对方的进攻点，从而打乱对方的进攻节奏和布局。

（4）若判断对方还无法通过直接攻击取胜，我们可以先做棋，让自己的棋子更多地连接，为后面的进攻做好铺垫，不能看见对方的活二就防守。

活三的防守

防守活三时，如果是连活三，有2个防守点，分别是两边的点；如果是跳活三，除了两边的2个防守点外，空的交叉点也是1个防守点。

当对方形成活三时，初学者可能会随意在其中一个防守点进行防守，而没有考虑该防守是否能有效阻止对方连续进攻，或者是否能给自己的棋子带来更大的拓展空间。

> 在防守对方的活三时，通常要阻止对方往拓展空间大的方向发展，尽量把对方的棋子往空间窄的区域赶，不要让对方形成连续的进攻。但在实际对局时，要根据棋局灵活应变，不能生搬硬套。

例如，下图中当黑棋方通过活三进攻，白棋是在A点防守好，还是在B点防守好呢？

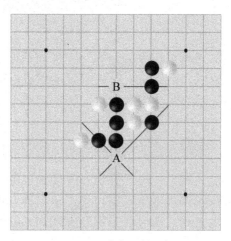

活三防守示例

我们先来看位于A、B两点的黑棋分别可以形成的活二数量。A点可在阴线上形成2个活二，B点在阳线上可以形成1个新的活二。如果想减小对方的拓展空间，以及减少连续攻击，白棋在A点防守似乎比在B点防守更好。但A点真的比B点好吗？

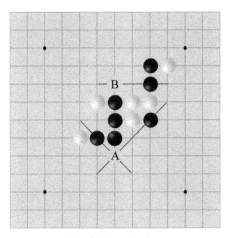

白棋防守点分析（1）

假设白棋在A点防守，黑棋将可以连续进攻，形成四三获胜。黑棋先在C点形成活三进攻，同时在阳线上形成了新的活二。白棋无论在哪一边防守，都没有形成直接的反击，然后黑棋在B点形成四三获胜。

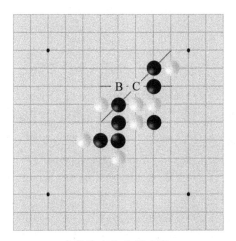

白棋防守点分析（2）

通过以上分析，白棋在B点防守黑棋的活三才是正确的选择。

四三的防守

创造四三是五子棋对局时重要的获胜手段之一，要防守对方的四三，就得在对方下一步形成四三前防守。所以我们首先要熟悉不同的四三，然后清楚如果要防守四三，可以在哪些点防守。

在第二章中介绍了四三，接下来将介绍若对方下一步要形成四三，可以在哪些点进行防守。

例如，下图中白棋方行棋，虽然白棋已经有2个活二2-4和4-8，但是由于黑棋方已经有1个眠三1-3-5和1个活二7-9，且下一步只要在A点下1枚黑棋，将形成四三，白棋将无法防守，所以这时白棋只能防守。白棋是否只能在A点防守呢？

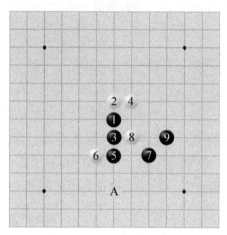

四三防守示例

由于形成四三的必要条件是有1个眠三和1个活二，所以棋手在防守时，只要能阻挡眠三形成冲四，或者活二形成活三，对方就无法形成四三。

从下图中可以看出，除了在A点可以阻挡对方形成四三外，在B点也可以阻挡对方的眠三形成冲四，在C、D、E点可以阻挡对方形成活三。所以在防守时，并不一定要在A点防守，需要根据棋子情况，选择合适的防守点。

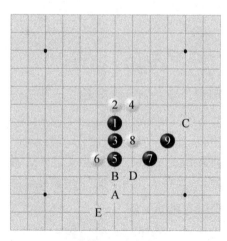

黑棋四三防守点

　　例如，下图中白棋方行棋，黑棋下一步可以在A点形成冲四与活三，白棋方该怎样防守呢？

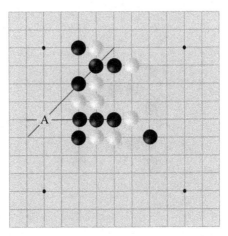

四三防守示例

　　初学者开始很难看出来对方下一步可以形成四三，所以一旦发现对方可以在A点形成四三，会毫不犹豫地在A点防守，不会特别关注对方下一步将怎样行棋，也很难看出来对方是否还有其他进攻路线。

　　假设白棋方在A点防守，虽然阻挡了对方四三的形成，但是黑棋过B点和C点的阴线上分别还有1个活二，过B、C两点的阳线上已经有一个眠二，所以只要黑棋方下在B点形成活三的同时形成一个眠三，接着就可以在C点形成四三获胜。

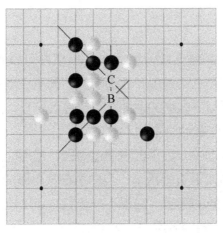

黑棋方进攻点分析

通过分析可以看出，如果白棋在A点防守，仍然无法阻挡黑棋形成四三获胜。如果白棋在D点防守，既阻挡了黑棋下一步形成四三，也能阻止黑棋通过B、C点进攻再次形成四三，一举两得。

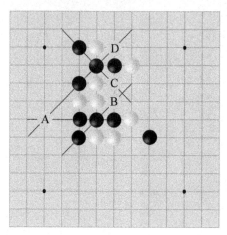

白棋防守点分析

> 　　初学者刚开始很难看出来对方下一步是否能形成四三，要看出来对方接下来的进攻路线就更加困难了。所以初学者要有意识地加强练习，不能只看眼前的一步棋，要纵观全局，分析自己和对手的棋形，快速计算出最佳防守和进攻点。

躲避禁手点

　　由于对白棋方的获胜方式没有限制，白棋方可以利用黑棋方的禁手获胜。所以白棋方通常会主动做棋，让黑棋方不得不在禁手点落子。对于黑棋方来说，如果知道了对方做棋的意图，可以提前防守，避免落在禁手点；如果防守得当，还可以变被动为主动。

　　我们在前面的案例中介绍了白棋通过做棋，最后利用黑棋的四四禁手获胜，最终获胜的棋形如下页图所示。当白棋在B点形成跳冲三后，黑棋在C点防守，同时形成了新的活三，白棋下一步在D点形成冲四，黑棋不得不在A点防守，从而落在四四禁手点。

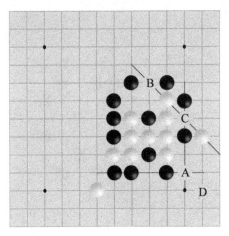

禁手点防守示例

实际上，黑棋完全有机会躲避禁手点。当白棋在B点形成跳冲三后，黑棋可以通过冲四赢得先手，变被动为主动。黑棋可以先在E点形成冲四，白棋只能在F点防守，黑棋接着在G点形成冲四，白棋只能在H点防守。

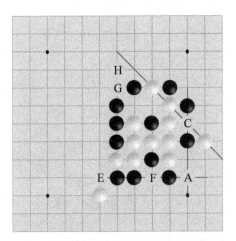

黑棋防守反击点分析（1）

黑棋通过冲四已经避开了四四禁手点，但是白棋已经有一个活三，所以接下来黑棋需要防守白棋的活三。

虽然黑棋可以在C点防守，并同时形成活三。但是接下来继续进攻没有获胜的机会，加上白棋也没有形成危险的进攻点，所以黑棋可以在I点防守，白棋在C点形成冲四后，黑棋可以在另一边防守。

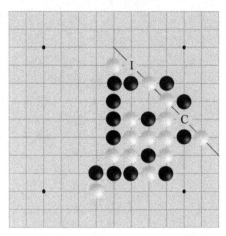

黑棋防守反击点分析（2）

　　黑棋防守了白棋的活三后，由于白棋没有新的连续进攻机会，当白棋停止进攻后，黑棋可以继续进攻。黑棋可以在J点或K点形成跳冲三，然后在L点形成冲四，此时白棋已经无法阻挡黑棋连五的形成。

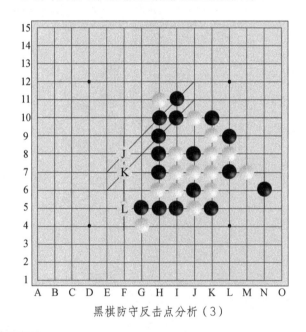

黑棋防守反击点分析（3）

白棋的团角防守

　　由于黑棋方是先手方，所以对局中黑棋方通常是进攻方，白棋方是防守方。在黑棋五手两打后，白棋的第3枚棋子防守的位置尤为重要，白棋既可以进行纯粹的防守，也可以选择具有攻击性的团角防守。下面列出几种定式中白棋6常见的团角防守，读者可以自行思考每一种团角防守的效果。

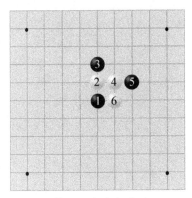

白棋6团角防守（1）

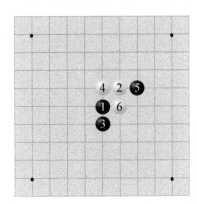

白棋6团角防守（2）

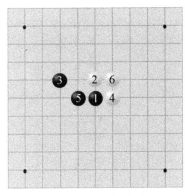

白棋6团角防守（3）

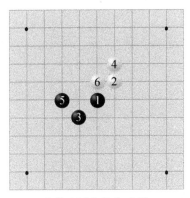

白棋6团角防守（4）

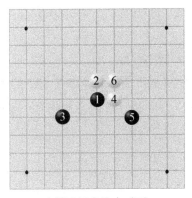

白棋6团角防守（5）

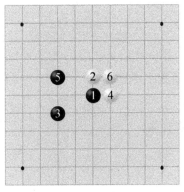

白棋6团角防守（6）

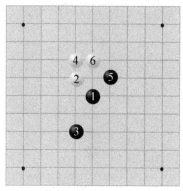

白棋6团角防守（7）

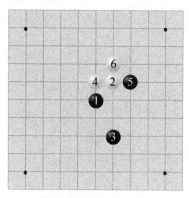

白棋6团角防守（8）

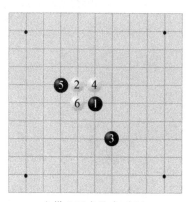

白棋6团角防守（9）

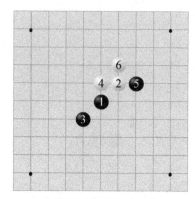

白棋6团角防守（10）

白棋的贴身防守

　　五子棋对局可以看作进攻与防守的较量，进攻的目的是形成更多有效的连接，防守的目的就是阻止对方连接的形成。防守方的一种战术就是贴紧对方，削弱对方拓展空间的能力。

　　由于白棋开局的第3枚棋子防守的位置非常重要，所以白棋6在防守时，除了采取团角防守外，还可以采取贴身防守，即白棋6贴在黑棋5的四周。下面列出几种定式中白棋6常见的贴身防守，读者可以自行思考每一种贴身防守的效果。

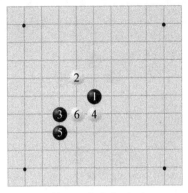

白棋6贴身防守（1）

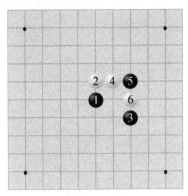

白棋6贴身防守（2）

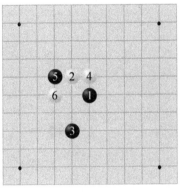

白棋6贴身防守（3）

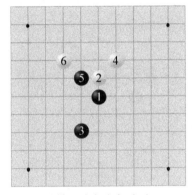

白棋6贴身防守（4）

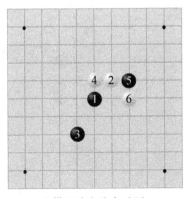

白棋6贴身防守（5）

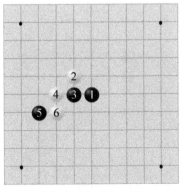

白棋6贴身防守（6）

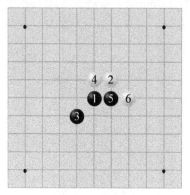

白棋 6 贴身防守（7）

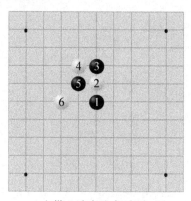

白棋 6 贴身防守（8）

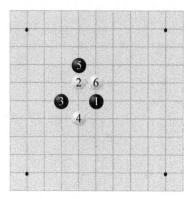

白棋 6 贴身防守（9）

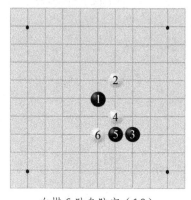

白棋 6 贴身防守（10）

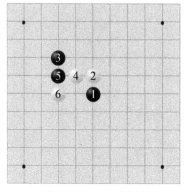

白棋 6 贴身防守（11）

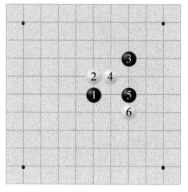

白棋 6 贴身防守（12）